Zu diesem Buch

Kinder sind – jedes anders. Aber wenn sie auf die Welt kommen, dann bringen sie alle gleich erst mal den Haushalt durcheinander. Sie zerstückeln den Alltag der Mutter mit ihrer Präsenz und ihren ungehemmten Bedürfnissen. Es ist «eine Belagerung». Die Autorin hat diese Belagerung überwinden, ihren Alltag wieder zusammenfügen und wieder Zeit für sich finden können, als sie sich entschloß, sich vom Kind im Sinne des Wortes total belagern zu lassen: als sie ein Tragetuch kaufte und sich das Kind um den Bauch oder auf den Rücken oder die Hüfte band – je nachdem. Und das hatte und hat noch sehr viel mehr und andere Folgen. Davon handelt dieses Buch.

Ist das Kontaktbedürfnis ein Urbedürfnis? Wie ist das bei den Tieren, in anderen Kulturen, welche Folgen hat der Hautkontakt für die Entwicklung des Körper- und des Lebensgefühls?

Wie sieht es aus mit der Balance von Nähe und Distanz? Mit dem Erwachsenen als Sicherheitsbasis und dem Bestreben des Kindes, anderes zu entdecken und ein «Selbst» zu werden?

Die Autorin zeigt auf Grund eigener Erfahrungen und vieler Gespräche mit jungen Müttern, aber auch auf Grund von Ergebnissen der Verhaltensforschung und der Ethnologie: Am Körper getragen zu werden ist für die meisten kleinen Kinder die beste Voraussetzung, um selbständig auch Nähe und Distanz zu den Eltern zu regeln.

Und mit ihren praktischen Ratschlägen räumt sie die Bedenken beiseite, die viele Mütter überfallen, wenn sie sich vorstellen, ihr Kind «mit sich herumzuschleppen».

Geht denn das überhaupt? Ist das nicht viel zu ermüdend? Wird das Kind dadurch nicht maßlos verwöhnt und zu einem kleinen Tyrannen erzogen? Nein, ist das Fazit der Autorin: alles im Gegenteil!

REGINA HILSBERG, Jahrgang 1951, Lehrerin der Sekundarstufe I, studierte nach Architektur Anglistik und Kunsterziehung, verheiratet, vier Kinder: Jan (Jg. 1978), Lena (Jg. 1982), Clara (Jg. 1985) und Nora (Jg. 1988). Ebenfalls bei Rowohlt erschienen: «Schwangerschaft, Geburt und erstes Lebensjahr» (rororo Nr. 8519).

Anregungen und Kritik bitte an folgende Adresse: Büro für wissenschaftliche Publizistik Dr. Horst Speichert, Teutonenstr. 32b, 65187 Wiesbaden. Hier erhalten Sie auch – gegen Voreinsendung eines frankierten DIN-A6-Umschlags – einen Prospekt der Reihe «Mit Kindern leben».

Regina Hilsberg

Körpergefühl

Die Wurzeln der Kommunikation
zwischen Eltern und Kind

Rowohlt

Ich bedanke mich bei allen Müttern und Vätern, die mich mit ihren ausführlichen Erfahrungsberichten beim Schreiben dieses Buches unterstützt haben,
bei Herrn Prof. Dr. Gabriel von der Universitätskinderklinik Göttingen, Herrn Dr. med. Melchior aus Kassel und Herrn Dr. med. John von der Orthopädischen Landesklinik in Kassel für ihre Gesprächsbereitschaft und Informationen,
bei dem Herausgeber für seine Geduld mit einer hochschwangeren Autorin in der Endphase der Buchproduktion
und ganz besonders bei meiner Familie und meinen Eltern, die die Mutter am Schreibtisch so geduldig ertragen haben!

Dies ist ein Buch aus dem
Büro für wissenschaftliche Publizistik
Dr. Horst Speichert
Teutonenstr. 32 b
65187 Wiesbaden

Umschlagentwurf: Manfred Waller
(Foto: Mangold / G + J Fotoservice)
Bildnachweis: Didymos Babytragetücher, Ludwigsburg

35.–37. Tausend November 1997

Originalausgabe
Veröffentlicht im Rowohlt Taschenbuch Verlag GmbH,
Reinbek bei Hamburg, Juli 1985
Copyright © 1985 by Rowohlt Taschenbuch Verlag GmbH,
Reinbek bei Hamburg
Alle Rechte vorbehalten
Satz Times (Linotron 202)
Gesamtherstellung Clausen & Bosse, Leck
Printed in Germany
1090-ISBN 3 499 17922 9

Inhalt

Kapitel 1
**Wie mein zerrissener Alltag wieder zusammenwuchs.
Oder: Warum ich dieses Buch schrieb**

Mein «Baby-Schock»   9

Das Kind zu tragen: die ersten Vorgedanken   13

Jean Liedloff: mein Aha-Erlebnis   15

Kind auf der Hüfte, Hände und Kopf frei   16

Kapitel 2
Von der Gegenwart in die Vorzeit und wieder zurück

Alltag mit dem Säugling   18

Von der «Geburtenregelung» durch Aussetzung
bis zur Befreiung vom Wickeln   20

Die Geburt der Pädagogik: Kampf der «Verwöhnung»   24

Seelenliebe und Körperfeindschaft   27

Warum ändert sich da was?   29

Was heute jungen Eltern geraten wird I: Allerlei Broschüren   31

Was heute jungen Eltern geraten wird II: Zeitschriften   33

Was heute jungen Eltern geraten wird III: Ratgeber-Bücher   35

Kapitel 3
Ein Ausblick in andere Kulturen

Nicht alle «Naturvölker» pflegen den Hautkontakt zu ihren Babies   39

Die Dogon. Oder: Kleine Unterschiede mit großen Wirkungen   44

Können wir von den «Naturvölkern» lernen?   46

Kapitel 4
Andere Frauen und ihre Erfahrungen mit dem Baby am Körper 49

Kapitel 5
Ein Blick ins Tierreich. Oder: Warum funktioniert Körperkontakt als allgemeine Entspannung im Leben mit dem Baby?

Streicheln, Lecken und Lausen als Lebenselixier 56

Wer nicht gestreichelt wird, kann auch nicht lieben 59

Die wichtigen Stunden nach der Geburt 61

Das Menschenkind:
ein Tragling, der sich nirgendwo festhalten kann 62

Kapitel 6
Vom ersten «Kontakt» im Bauch bis zum «Auf und davon»

Erfahrungen im Uterus 66

Der Mensch ist eine Frühgeburt 70

Das Bonding 73

Die intentionale Phase (das erste Quartal) 76

Die orale Phase (das zweite bis vierte Quartal) 78

Die anale Phase (zweites bis drittes Lebensjahr) 80

Kleiner Exkurs betr. Louise J. Kaplan 82

Kapitel 7
Wie erfährt ein Kind seinen Körper, wenn es im ersten Lebensjahr viel getragen wird?

Bewegtes, spürbares Umhülltsein 85

Mittelpunkt des Lebens 87

Wenn die Eigenbewegung beginnt 90

Spuren im Körper 91

Wenn's Baby schläft 93

Kapitel 8
Die mit der tragenden Rolle, die Erwachsenen

Die Lust am Kind   99

Das Erlebnis, ein Baby ins Leben zu tragen   103

Kapitel 9
Leben mit dem Baby am Leib

Zuwendung geben oder Perspektive teilen   110

Väter und Mütter   113

Wenn das Tragen lästig wird   118

Kapitel 10
Tragehilfen, Kinderwagen, Bettprobleme

Tragehilfen   123

Orthopädie   131

Kinderwagen und Kinderbett   137

Kapitel 11
Noch einmal durchgemustert: Einwände gegen das Tragen

Die Stimmen von der Straße   144

Betr.: Bewegungsfreiheit   146

Betr.: Selbstbeschäftigung   148

Betr.: Eigener Rhythmus   149

Betr.: Das Angebundensein der Mutter   152

Betr.: «Das abhängig und unselbständig gehaltene Kind»   154

Kleine Schluß-Notiz   156

Adressennachweis   157

Literatur   157

Kapitel 1

Wie mein zerrissener Alltag wieder zusammenwuchs. Oder: Warum ich dieses Buch schrieb

Der Gedanke zu diesem Buch ist beim Abwaschen entstanden. Beim Abwaschen mit meiner Tochter Lena im Tragetuch. Während Teller um Teller auf das Trockengestell wanderten, dachte ich darüber nach, wie ich anderen Müttern und Kindern die Erleichterung verschaffen könnte, die mir und meiner kleinen Lena durch die Umstellung unserer Lebensgewohnheiten zuteil geworden war. Das war ein Gedanke, der sich in letzter Zeit schon öfter mal in meine Tagträume hineinzudrängen versucht hatte.

Mein «Baby-Schock»

Daß ich hier am Spülbecken überhaupt über so etwas nachdenken konnte, ist schon etwas Bemerkenswertes. Wenn ich in Jans Gegenwart abgewaschen hatte, war ich nie zum Nachdenken gekommen. Jan ist unser erstes Kind, dreieinhalb Jahre älter als Lena, und wir Eltern waren natürlich dreieinhalb Jahre unerfahrener.

Der Abwasch mit ihm war jedesmal ein Abenteuer. Als Baby lag er dabei in der Wippe (die wir auf einer Kiste befestigt hatten). Er strampelt und streckt sich und will am liebsten dauernd angeschaut werden. Ich rede ihm gut zu und drücke ihm eine Brotrinde in die Hand. Aber ich bin noch nicht mit dem Gläserspülen fertig, da fängt er schon an zu meckern. Während ich mich den Frühstücksbrettchen zuwende, singe ich: «Dreh dich, dreh dich, Rädchen ...» Davon kenne ich drei Strophen. Das reicht für die Brettchen und auch noch für die Salatschüssel. Das Lied ist zu Ende, und für eine halbe Minute verfalle ich in Schweigen. Da bedeutet mir das wieder einsetzende Meckern, daß der Herr mehr Unterhaltung wünscht. Ich hoffe, mit einem kurzen Kraulen am Hals und einem freundlichen Zunicken davonzukommen, muß mir dazu aber erst die Hände abtrocknen. Das Kraulen findet er auch höchst genußvoll und lacht – aber um so lauter wird sein Protest, als ich mich nunmehr den Tellern zuwende. Ich fange an, ihm zu erzählen, was ich alles mit ihm machen werde, wenn ich mit dem Abwasch fertig bin. Ob es ihn wirklich interessiert? Jedenfalls gibt er halbwegs Ruhe, solange ich nur recht intensiv mit ihm spreche und nicht nur vor mich hinmurmele. Schließlich wird mir das Geschwätz zu langweilig, und ich fange an, das Lied noch einmal zu singen, mit beschwörender Stimme, denn der Gemütszustand des Babys wird zusehends ungnädiger.

Endlich, ich habe es geschafft. Ich lasse das Wasser ab, trockne die Hände und nehme das Kerlchen aus der Wippe. Obwohl ich ganz gern das Bad und den Flur noch aufgeräumt hätte, nehme ich ihn doch erst einmal an die Brust. Zwar ist seine letzte Mahlzeit erst zwei Stunden her, aber ich hege die Hoffnung, daß er dann noch ein bißchen Ruhe gibt. Aber was tut er? Er drückt und muß gewickelt werden.

Um das Badezimmer doch noch in Ordnung bringen zu können, befestige ich ihm sein neues Spielzeug, ein paar Kugeln und Ringe auf einer Schnur, an der Wippe. Aber das Ding regt ihn nach fünf Minuten derart auf, daß er losbrüllt und ich ihn zur Beruhigung wieder herumtragen muß.

Vor der Geburt hatte ich die naive Vorstellung, daß durch das Kind in meinen bisherigen Tagesablauf etwa alle vier Stunden eine neue Beschäftigung eingeflochten würde, auf die ich mich auch freute, aber sonst dachte ich mein bisheriges Leben fortzuführen.

Es kam anders. Von dem bisherigen Leben blieb so gut wie nichts übrig. Die neue Beschäftigung, eingeplant für etwa sechsmal am Tag, wurde zum Vollzeitprogramm.

Damals dachte ich, das läge nur an meiner Unfähigkeit, in meinem Alltag Ordnung zu halten. Aber inzwischen weiß ich, daß ich nicht die erste bin, der es so ergangen ist.

Sogar im Volksmund, z. B. in Kinderreimen, finden sich Spuren dieser mütterlichen Verzweiflung.

Schlaf, mein Kind, ich wiege dich.
Wärst du größer, so schlüg ich dich;
weil du aber bist so winzig und klein,
da muß ich tun den Willen dein.

Wärst du größer, so schlüg ich dich! Eine Mutter, die so etwas singt, unterdrückt damit wohl dieses «Kribbeln» in ihren Fingerspitzen gegen das ewig fordernde Kind. Situationen, die dieses «Kribbeln» entstehen lassen, gibt es mehr als genug.

Du saugst zum Beispiel Staub im Wohnzimmer, es fehlt nur noch die hinterste Ecke, wo erst der Blumentisch zur Seite geräumt werden muß, da schreit das Baby. Du läßt es natürlich nicht schreien, sondern unterbrichst, gehst hin, stillst und wickelst es. Du schaust auf die Uhr – o Schreck, schon halb eins, um eins kommt dein Mann zum Essen und hat nur eine halbe Stunde Zeit. Du legst das Baby satt und trocken ins Bett und machst dich ans Kochen, irgend etwas Schnelles, Salat, Kartoffeln, Spiegelei.

Das Baby mag das nicht, es liegt im Bett und schreit, während du den Salat putzt. Das geht dir an die Nerven, du läßt den Salat liegen und holst das Baby, schnappst dir die Wippe aus dem Wohnzimmer, stellst sie in die Küche und legst das Baby rein. Dann setzt du die Kartoffeln auf (Pellkartoffeln, versteht sich) und widmest dich wieder dem Salat.

Das Baby fängt schon wieder an zu knurren, du fängst an zu singen. Das Lied ist zu Ende, der Salat gewaschen, du suchst die Pfanne für die Spiegeleier. Das Baby will noch mehr, was, das weißt du auch nicht so genau, jedenfalls zappelt und schimpft es. Du singst das Lied noch einmal, schneidest Schnittlauch für den Salat und gibst dem Sprößling einen Kochlöffel zur Untersuchung. Das reicht für die Salatsoße.

Als du die Eier in die Pfanne schlagen willst, hat sich das Kind den Löffel auf den Kopf gehauen und brüllt. Du nimmst es hoch zum Trösten und schlägst mit einer Hand die Eier in die Pfanne.

Zum Glück geht die Tür, der Papa kommt heim und kriegt gleich das Baby in den Arm gedrückt. Schon stehen Teller auf dem Tisch, das Essen wird aufgetan, da brodelt es in Babys Hose, der Strampler färbt sich außen gelb und Vaters Hemd gleich mit. Also läßt du die Kartoffeln stehen, wickelst das Kind, während der Papa allein sein Essen mampft. Nun ist aber sein letztes Hemd hinüber, die frischen müssen noch gebügelt werden. Also Bügelbrett raus, aus dem Stapel frischer Wäsche ein Hemd herausgezogen. Dein Mann ist so emanzipiert und bügelt sein Hemd selber. Aber als er sich wieder verabschiedet, stehen Bügelbrett und Bügeleisen noch im Schlafzimmer. Du legst das trockene Kind wieder in die Wippe und verdrückst die Reste des Mahls, stellst die Teller zum Abwasch und läßt auch schon Wasser ein. Da fängt dein Kind wieder an zu quengeln, es ist eindeutig müde. Du bist es auch, also legst du dich zum Stillen aufs Bett, und ihr beiden macht ein kleines Nickerchen. Du wachst eher auf als dein Kind und findest dich vor folgender Situation: der Staubsauger im Wohnzimmer, das Bügelbrett im Schlafzimmer, das kaltgewordene Abwaschwasser in der Küche. Was ist hier eigentlich los?

Da kommt so ein Zwerg daher und bringt alles durcheinander. Durch seine Anwesenheit plustert sich die Hausarbeit auf zu einem Monstrum, die Mutter hat das Gefühl, den ganzen Tag nur noch staubzusaugen und abzuwaschen. Durch seine Aufdringlichkeit verhindert der kleine Kerl die Kommunikation der Erwachsenen. Vielleicht wollte der Vater eine Geschichte aus dem Betrieb erzählen? Vielleicht wollte die Mutter von einem Telefongespräch berichten? Vielleicht wollen sie sich auch ganz einfach nur ein halbes Stündchen gegenübersitzen und verschnaufen – geht nicht! Das Baby hält sie in Atem, und dabei ist es gar nicht einmal besonders ungnädig. Die Erwachsenen stolpern bloß ständig auf ihrem Gang durch den Tag über die durchaus nicht regelmäßig geäußerten Bedürfnisse des Kindes. So wird der Gang durch den Tag zum Schleichen, nie schafft man alles und ist selbst ständig geschafft.

Nun geht es aber nicht nur darum, daß so banale Handlungen wie Hausarbeit ständig unterbrochen werden. Das Baby krallt sich auch im Geist der Erwachsenen fest und funkt einem ganztägig immer wieder in die Gedanken. Vor allem zieht es Aufmerksamkeit ab, manchmal selbst dann, wenn es schläft.

Als unser erstes Kind, Jan, geboren wurde, wohnten wir in einem kleinen alten Haus auf dem Dorf. Es war Winter, wir mußten aus Heizungsgründen die Türen geschlossen halten. Ich habe nicht gezählt, wie oft wir aus der Küche ins Zimmer gelaufen sind, weil wieder Nachbars Hahn gekräht hatte. Dieses Geräusch war tatsächlich kaum vom Krähen unseres Kindes hinter verschlossenen Türen zu unterscheiden.

Überängstlichkeit junger Erstlingseltern? Vielleicht! Aber auch beim zweiten Kind fühlte ich meine Ohren förmlich wachsen, wenn ich es im Schlafzimmer hingelegt hatte. Und das beeinträchtigt die Konzentration auf andere Dinge.

Das Kind zu tragen: die ersten Vorgedanken

Aber zurück zu der Urszene, in der die Idee zu diesem Buch Formen angenommen hat, zum Abwasch mit Lena und dem Kontrastprogramm mit Jan.

Als er laufen gelernt hatte, wurde es noch lustiger, mit ihm abzuwaschen. Wir benutzten einen alten Spülschrank, bei dem die obere Schublade mitsamt den Abwaschschüsseln herausgezogen wurde. Die Schüsseln hingen ziemlich niedrig, so daß Jan es auch schon mit einem Jahr fertigbrachte, uns allerlei Gerümpel ins Abwaschwasser zu werfen. Das tat er mit Hingabe. Meine Strategie war schließlich, immer einen Bauklotz möglichst weit durch die geöffnete Küchentür in den Flur zu werfen, dem er juchzend nachstürzte, ihn aufsammelte und wieder ins Abwaschwasser beförderte. Aber inzwischen hatte ich schon wieder drei Schüsseln abgewaschen und verschaffte mir Luft für die Teller durch den nächsten Akt im Klötzchenwerfen.

Natürlich hat er auch, auf dem Stuhl stehend, mit uns abgewaschen, aber gerade, als er noch sehr klein war, war ihm das Wasser zu heiß, und er zog das Klötzchenspiel vor.

Kurzum, er ließ uns nicht in Ruhe.

Das Leben ging seinen Gang. Wir kämpften uns durch den letzten Teil meiner Berufsausbildung. Dann bekam mein Mann eine Stelle, wir zogen um – aus einem südhessischen Dorf in ein südniedersächsisches –, ich hörte auf zu «arbeiten», wie es so überaus mißverständlich heißt, und bald war auch das zweite Kind da.

Nun war ich hinlänglich damit beschäftigt, die Bedürfnisse von zwei Kindern gleichzeitig zu erfüllen. «Ich komme gleich!» wurde zu meinem häufigsten Ausspruch. Mein guter Wille, auch die Kleine nicht schreien zu lassen, so wie wir es mit ihrem großen Bruder praktiziert hatten, scheiterte oft daran, daß auch er Forderungen anmeldete. Und da ich nun mal zu der Generation Mütter gehöre, die von dem Anspruch geplagt werden, ihr Kind im ersten Jahr nicht schreien zu lassen, plagte mich nun auch noch das schlechte Gewissen.

Dabei hätte mir der Gedanke, der dann alles so viel leichter machte und von dem ich hier erzählen möchte, auch von selber kommen können. Schon beim ersten Kind hatte uns die scheinbare Ungunst der Umstände auf den richtigen Weg geschickt. Aber unser Blick war offenbar noch so von Gewohnheiten verfinstert, daß wir auf diesem Weg zwar ein Stück gingen, aber nicht gleich erkennen konnten, was er bedeutet. Und so hatten wir ihn erst einmal wieder verlassen.

Das kleine Dorf, in dem wir bei Jans Geburt wohnten, hatte nur eine geteerte Durchgangsstraße. Der Rest waren kurze Stichstraßen, die alle auf Feldwegen endeten. Wohin da mit dem Kinderwagen? Die Hauptstraße auf und ab, auf einem extrem schmalen Bürgersteig, die Auspuffgase vorbeirauschender Lastwagen in der Nase? Wir verzichteten also auf den Kinderwagen und kauften uns einen Tragesitz. Das Kind kam vor den Bauch, und wir schlugen uns in die Felder. Der Kleine war immer zufrieden darin, schlief meist ein und kam auch ohne Kinderwagen an die frische Luft. Zum Schlafen im Garten hatten wir zwar ein Untergestell für die Sicherheitsschale im Auto, aber dieses hartgefederte, umständliche Ding kann man kaum als Kinderwagen bezeichnen. Wir haben es auch praktisch nie zum Ausfahren benutzt.

Es kam das Frühjahr, der Garten mußte bearbeitet werden. Wohin mit dem Sohn? Auf dem Boden war es trotz Decke noch zu kalt. Aus dem Sportwagen, den wir inzwischen geschenkt bekommen hatten, drohte er ständig herauszukippen, und er meckerte, wenn wir uns mehr als fünf Meter entfernten. Also wurde er in den Tragesitz gepackt und dem Vater auf den Buckel geschnallt. Er wurde kräftig geschaukelt und gekippt beim Umgraben, Hacken und Säen, aber er fand es offenbar grandios. Bestgelaunt betrachtete er den Garten, bis er müde wurde und einschlief. Hin und wieder nahm auch ich ihn bei der Gartenarbeit auf den Rücken. Aber meist war es doch der Vater, weil uns beiden die seltsam irrige Meinung in den Knochen steckte, körperliche Arbeit mit dem Kind auf dem Rücken sei für eine Frau zu schwer. Auf jeden Fall machten die Nachbarn große Augen ob unseres Rückenreiterleins.

Aber es war noch nicht der Umsturz, es waren erst die Vorboten.

Auch als ich mir für Lena ein Tragetuch kaufte und damit herumprobierte, war das noch nichts anderes. Einmal versuchte ich, mit Lena im Tragetuch auf dem Rücken Brotteig zu kneten. Das entlockte Andreas, meinem Mann, die Bemerkung, das sei ja schon wie bei den Naturvölkern. Aber mein Vergnügen an dieser Art Eintauchen ins Urtümliche wurde doch dadurch getrübt, daß ich so wenig Übung hatte im Umgang mit dem Tuch und von meiner lieben Umgebung auch nicht unbedingt bestärkt wurde.

«Also, gleich rutscht sie raus, ich kann's ja kaum sehen!»

Ich hatte durchaus nicht das Gefühl, daß sie gleich rausrutschte, aber wenn es die Mitmenschen nicht sehen können ...!

«Bist du sicher, daß es ihr nichts ausmacht, wenn ihr Kopf so hängt?»

Eigentlich war ich mir schon sicher, aber ...!

Jean Liedloff: mein Aha-Erlebnis

So blieb es bei einigen halbherzigen Versuchen, das Tragetuch auch bei der Arbeit zu benutzen. Bis mir ein Buch in die Hände fiel, das dann endgültig die «Revolution» in Gang setzte.

Es war Jean Liedloffs ‹Auf der Suche nach dem verlorenen Glück›. Sie berichtet überschwenglich, vielleicht etwas zu überschwenglich, vom Leben eines Indianerstammes aus Venezuela, den Yequana. Diese Indianer tragen ihre Säuglinge, bis sie krabbeln und laufen können, ständig mit sich umher, bei der Arbeit und beim Vergnügen. Das weiß man ja auch von anderen sogenannten «Naturvölkern». Aber Jean Liedloff zieht in ihrem Buch aus ihren Schilderungen den für mich unmittelbar einleuchtenden Schluß: Es gehöre sozusagen zur «biologischen Grundausstattung» eines Menschenbabys zu erwarten, daß es im ersten Lebensjahr, also bevor es laufen kann, ständig und auch später noch sehr viel herumgetragen werde. Nur dadurch könnten, so Jean Liedloff, wichtige organische und psychische Entwicklungen ungestört und vollständig ablaufen. Die Babies der westlichen Zivilisationen müssen auf diese Erfahrung weitgehend verzichten. Auf diesen Umstand führt die Autorin eine ganze Anzahl psychischer Leiden zurück, von denen die Menschen in den «entwickelten» Ländern geplagt werden.

Ganz so einfach ist die Lösung der Probleme unserer Welt vielleicht doch nicht. Aber daß es einem Kind sicher eher nutzt als schadet, sein Leben an statt neben seiner Mutter zu verbringen, das wurde mir durch die Schilderungen und Überlegungen klar, die ich in diesem Buch gefunden hatte. Sie waren bei mir ja nicht zuletzt deshalb auf fruchtbaren Boden gefallen, weil ich ja schon meine eigenen kleinen, fast geheimen Vorerfahrungen mit dem Thema hatte. Und so war es klar, daß diese Lektüre mich nicht nur gefesselt hatte, sondern mich nun drängte, die Erkenntnisse möglichst ohne weiteren Aufschub in die Tat umzusetzen.

Hatte ich mich nicht schon immer gefragt, was die Mütter vor der Erfindung des Kinderwagens und des Gitterbettchens mit ihren Babies gemacht haben? Und wie hatte die Menschheit sich durch Jahrmillionen ohne jede Roßhaarmatratze entwickelt, und es waren doch nicht alle wirbelsäulengeschädigt? So absolut gültig konnten unsere Regeln zur Säuglingspflege nicht sein. Aber mir hatte bisher immer der entscheidende Tritt gefehlt, diese Regeln tatsächlich dahin zu verweisen, wo sie hingehören: in das Repertoire kulturbedingter Verhaltensweisen, die durchaus keine Allgemeingültigkeit beanspruchen können. Und diesen Tritt hatte ich nun bekommen.

Kind auf der Hüfte, Hände und Kopf frei

Man kann es auch anders machen. Bisher war das nur ein vages Gefühl gewesen, zu dem zu stehen ich mich nicht so recht getraut hatte. Nun waren daraus so etwas wie Mut und Gewißheit geworden. Oder Gewißheit und Mut.

Und also fing ich nun an mit dem Andersmachen. Und was ich geahnt hatte, ohne es selbst zu glauben, das ergab sich tatsächlich dabei: Aus den zerrissenen wurden allmählich wieder ganze Tage, die Hektik verzog sich, wie die Wellen langsam ruhiger werden nach einer Sturmflut.

Sicher bot ich keinen so eleganten Anblick wie eine halbnackte Indianerfrau, ihr nacktes Baby lässig an die Schulter gelehnt und rhythmisch den Maniok stampfend. Ich verzichtete auch zunächst meist auf das Tragetuch, das zwar sehr kuschelig ist, bei vielen Arbeiten aber doch leicht verrutscht. Ich band mir das Baby mit dem Tragesitz auf den Rücken.

Fortan brauchte ich nicht mehr mit beschwichtigenden Worten zum Töchterchen hin dem Sohn die Schuhe zuzubinden. Sie hockte mir zufrieden auf dem Rücken. Ich räumte die Wohnung auf, hängte Wäsche auf die Leine, kochte und wusch ab, ohne ständig dem Baby neben mir gut zureden zu müssen. Und wenn der Sohn das Bedürfnis hatte, auf den Arm genommen zu werden, dann hatte ich eben vorn und hinten ein Kind, und sie grinsten sich über meine Schulter hinweg an.

Nun konnte ich die meisten Arbeiten an einem Stück erledigen, ohne immer wieder nach dem Kind sehen zu müssen. Der zerstückelte Alltag wuchs wieder zusammen. Das Baby auf meinem Rücken war zufrieden. Ich brauchte weder Liedchen zu singen noch ihm gut zuzureden noch immerfort Blickkontakt mit ihm aufzunehmen. Nicht, daß ich nicht mehr gesungen hätte. Manchmal war ich in derart lockerer Stimmung, daß ich aus Spaß vor mich hinsummte. Aber es war nichts mehr von der Anstrengung dabei, das Kind bei guter Laune zu halten. Es *hatte* einfach gute Laune.

Wir waren inzwischen umgezogen in ein größeres, altes Haus, in dem wir sicher unser halbes Leben umbauen werden. Zu der Zeit mußten gerade dringend die neuen Holzfenster gestrichen werden. Ich tat's, mit Lena auf dem Rücken. Das war gut, dennoch insofern eine zweifelhafte Aktion, als wir dabei noch giftige Holzschutzmittel verwendet haben. Besonders bekömmlich waren die Düfte für das Baby wahrscheinlich nicht. Heute würden wir das Zeug nicht mehr nehmen, aber damals wußten wir halt noch nicht Bescheid.

Dann mußten wir den Estrich im Heizraum gießen. Als Lena geboren war, hatten wir noch keine Zentralheizung. Ich schippte also, die Tochter auf dem Rücken, die Mischmaschine voll Sand und Zement, und Andreas karrte das Zeug dann ins Haus. Die Leute, die vorbeikamen, guckten nicht schlecht! Es war auch anstrengend, das will ich nicht verhehlen. Die Arbeit an sich war ja schon anstrengend genug. Aber hätte ich Lena nicht umgebunden, hätte ich sie gar nicht machen können, oder wir hätten für teures Geld einen Babysitter gebraucht.

Im Dorf wurde derlei natürlich genau registriert. Beim Kaufmann wurde ich darauf angesprochen, wie das denn wäre, mit dem Baby auf dem Rücken zu schippen. Aber es nickte schon mancher beifällig mit dem Kopf.

Die Vorstellung, daß man all das nur einem starken Männerrücken zumuten könnte, war schnell vergessen. Im Gegenteil. Zumindest das Tragetuch war für mich sogar leichter zu benutzen als für Andreas, weil ihm die Hüfte fehlt, auf der das Kind sitzen kann. Er hat dann lieber zum Tragesitz gegriffen.

Und wie leicht fiel es mir, die paar Kilo auf dem Rücken herumzutragen und dafür den Kopf wieder frei zu haben für meine eigenen Gedanken, statt ihn auf das Hervorkramen von Liedern und beruhigendes Schwatzen konzentrieren zu müssen!

Ganz abgesehen von dem Genuß, den mir der weiche Körper meines Kindes, angeschmiegt an den meinen, bereitete, fühlte ich mich trotz des buchstäblichen Zusammengebundenseins mit meinem Kind befreit.

Aus der ersten Euphorie wurden langsam Erfahrungen. Erfahrungen mit dem Kind, mit mir selber, mit unserer Umgebung.

Das ist der Boden, auf dem dieses Buch gewachsen ist.

Kapitel 2

Von der Gegenwart in die Vorzeit und wieder zurück

Alltag mit dem Säugling

Zwar ist das Entzücken groß, das ein Babylächeln in seiner Umgebung hervorruft, aber so ein Würmchen greift doch mit ungeheurer Macht in das Leben der ihn umgebenden Erwachsenen ein. Es fordert totale Pflege – wie ein Bettlägeriger.

Dabei ist sein einziges Zugeständnis zur Erleichterung der Arbeit seine körperliche Winzigkeit. Hinzu kommt natürlich die durch Tatsachen nicht erklärbare Befriedigung, die man als Erwachsener im Kontakt mit dem Baby empfindet. Aber dafür macht es ansonsten keinerlei Zugeständnisse.

Einem Kranken kann man sagen «Noch eine Viertelstunde, dann bekommst du dein Essen!», und er wird vielleicht sehnsüchtig auf den Wecker auf dem Nachttisch starren, aber die Viertelstunde geduldig warten. Das Baby tut das nicht. Es brüllt die ganze Viertelstunde lang, und sie kommt ihm selbst und schließlich seiner Mutter wie eine ganze Ewigkeit vor.

Oder aber das Telefon klingelt, und du sagst zum Kranken: «Einen Augenblick, ich gehe erst ans Telefon, dann schüttele ich dein Bett auf!» Und er wird es in der Regel einsehen.

Das Baby aber greint und schreit, was kümmert es das Telefon!

Dieses Netz unduldsamer Forderungen ist bei einem Säugling recht eng geknüpft. Und wenn sie wach sind, die Kleinen, haben sie meist gar kein Verständnis dafür, wenn unsereins mal in Gedanken versunken vor sich hin werkeln will.

Sicher gibt es auch Kinder, die sich ganz gut allein beschäftigen können, aber das ist gewiß nicht die Mehrheit. Und wenn sie es tun, dann sind die Spannen der selbständigen Beschäftigung selten so lang wie die Spannen, die der Erwachsene bisher für seine ungestörten Gedanken und Tätigkeiten gewohnt war.

Das Baby und auch noch das Kleinkind zwingen uns, ständig auf zwei Ebenen zu leben oder zumindest immer wieder schnell von einer Ebene zur anderen zu wechseln. Du denkst z. B. in ganz erwachsener Manier daran, was du noch einkaufen mußt, daß du dich über diese Politiker schon wieder grün ärgern könntest und daß du dringend Tante Lotte eine Geburtstagskarte schreiben mußt – und zwischendurch sagst du: «Ja, mein Schätzchen, ist ja schon gut! Das rappelt schön, gell? Komm, ich ziehe dir dein Strümpfchen wieder an, du hast ja eiskalte Füße! Ja, da lachst du – macht das Spaß, so die Füßchen kitzeln? So? Und so?» Und du wendest dich wieder innerlich Tante Lotte zu, die vor vier Wochen einen Herzinfarkt hatte, um nach spätestens drei Minuten deinem Baby den Strumpf wieder anzuziehen, den es sich mit Kunstfertigkeit vom Fuß gezupft hat.

Das kann man lernen. Das ist das Tröstliche an der Sache.

Mir macht es inzwischen nicht mehr viel aus, beim Kochen die arme Puppe zu bedauern, die hingefallen ist und am Bein blutet, und beim Bügeln den neuesten Tunnelbau des Sohnes zu bewundern. Aber diese Kommunikation läßt sich bereits über Sprache abwickeln.

Liegt da ein kleiner Säugling neben dir in der Wippe oder auf einer Decke und sucht deine Aufmerksamkeit durch Zappeln und Meckern auf sich zu ziehen, mußt du ganz andere Beschwörungsgewalt in deine Stimme legen. Du mußt ihn ständig anschauen, um seinen Kontaktwunsch zu befriedigen. Die Kette zwischen dir und ihm ist noch sehr kurz, immer wieder muß er sich deiner Gegenwart vergewissern. Jedes Wegschauen, jeder Schritt weg von ihm, jedes Schweigen deinerseits birgt für ihn die Gefahr, daß du ihm entgleitest.

Für die meisten Erwachsenen ist das eine ziemlich lästige Anforderung, die da ständig an sie gestellt wird. Es gibt wohl kaum eine Mutter und kaum einen Vater, die sich diesem Anspruch nicht hin und wieder entziehen. Und nicht selten machen sie daraus ein pädagogisches Konzept, wenn nicht mehr. Sie sagen dann, das Kind müsse einfach lernen, daß es nicht Mittelpunkt der Welt ist. Aber ich bin mir ziemlich sicher, daß sie das nicht nur aus ihren pädagogischen Absichten heraus sagen, sondern daß sie sich einfach einen notwendigen Freiraum verschaffen müssen, weil sie die Belagerung durch das Kind auf die Dauer nicht aushalten.

Von der «Geburtenregelung» durch Aussetzung bis zur Befreiung vom Wickeln

Es ist völlig natürlich, daß ein Mensch, der derartig von einem anderen Menschen gefordert wird, anfängt sich zu wehren. Und dieses Wehren ist oft ein ewiger Kampf und führt nicht zu einer Änderung der Alltagspraxis, wie das bei mir – aus welchen Gründen auch immer – der Fall gewesen ist. In meiner Erfahrung war ja etwas sehr Paradoxes zum Vorschein gekommen. Solange ich die Belagerung abwehrte, hatte ich mit der Belagerung und ihrer Abwehr zu tun. In dem Augenblick, als ich den Widerstand aufgab und dem Baby erlaubte, mich im Sinne des Buchstabens körperlich zu «belagern», schrumpfte die Belagerung meiner Handlungen und Gedanken auf ein erträgliches Maß zusammen.

Haben nicht unsere Urahnen – ähnlich wie die Primaten oder die Indianer, welche von Jean Liedloff beschrieben werden – die Kinder in ähnlicher Weise sich vom Leibe gehalten, indem sie sie am Leibe trugen? Es ist sehr schwer, darüber zu spekulieren, da ja auch heute bei den «Naturvölkern» die unterschiedlichsten Behandlungsweisen und Aufzuchtmethoden von Kindern zu beobachten sind. Wenn aber in unserer Kultur andere Umgangsweisen mit dem Kind einmal verbreitet gewesen sind, so ist dieser Weg in unserer europäischen Kultur irgendwann verlassen worden.

Jedenfalls fördert ein Streifzug durch die Geschichte der Säuglingspflege in Europa Erstaunliches zutage.[*]

Nach der Lektüre des Buches von Philippe Ariés ‹Geschichte der Kindheit› hatte ich das bedrückende Gefühl, zu unserer Zeit seien nun endgültig die Türen des Ghettos hinter den Kindern zugefallen. Ein für allemal seien sie den guten alten Zeiten entrissen, da sie die Welt mit den Erwachsenen teilen durften.

Ganz anders dagegen, wie Lloyd de Mause den Lauf der Ge-

---

[*] Ich beziehe mich bei meinen folgenden Ausführungen vor allem auf diese Veröffentlichungen:

Philippe Ariés, Geschichte der Kindheit, München 1975

Elisabeth Badinter, Die Mutterliebe, München 1981

Lloyd de Mause (Hg.), Hört ihr die Kinder weinen, Frankfurt a. M. 1977

Marie-Louise Plessen und Peter von Zahn, Zwei Jahrtausende Kindheit, Köln 1979

Wer sich dafür interessiert, kann hier viele interessante Einzelheiten erfahren. Aber er wird auch sehen, wie sehr die Darstellung dessen, was der Historiker aus den Quellen herausliest, von dessen eigenen Interpretationsmustern abhängt.

schichte deutet, daß nämlich im Laufe der Jahrhunderte den Kindern immer mehr Verständnis entgegengebracht wurde und endlich heutzutage die ersten Exemplare von Eltern auftauchen, die es nicht nötig haben, Kinder mit ihren eigenen psychischen Verdrängungen zu quälen, sondern die in der Lage sind, sie als gleichberechtigte Wesen neben sich groß werden zu lassen und ihnen dabei die notwendige Unterstützung zu geben.

Stehen die beiden Sichtweisen wirklich so diametral gegeneinander, wie es auf den ersten Blick scheinen mag?

Für mich hat sich ein Bild ergeben, das von beiden Lesarten der Geschichte etwas enthält.

Zumindest eines läßt sich ja wohl als halbwegs gesichert annehmen: In unserer abendländischen Geschichte wurde durchaus nicht jedes Neugeborene zärtlich und fürsorglich empfangen.

Lloyd de Mause zählt eine Unmenge von Quellen auf, aus denen hervorgeht, daß in der Antike Geburtenregelung praktisch dadurch betrieben wurde, daß unerwünschte Neugeborene einfach umgebracht wurden, vor allem, wenn es Mädchen waren.

Noch bis ins 4. christliche Jahrhundert zählte Kindesmord nicht zu den strafbaren Handlungen. Und noch im Jahre 1756 wurden 4300 Kinder in Paris ausgesetzt – eine Zahl, die in den Jahren davor und danach so entscheidend anders nicht gewesen sein dürfte.

Aber selbst, als Kindestötung gesetzlich als Mord unter Strafe gestellt worden war, führte das noch lange nicht zum Aussterben dieser Praxis der «Geburtenregelung».

In der Antike waren es meist die Väter gewesen, die darüber entschieden, ob ein Baby würdig sei, aufgezogen zu werden oder nicht. Es gab sogar Schriften, die den Vätern Kriterien für diese Entscheidung unterbreiteten. Dieses traurige Geschäft verlagerte sich im Laufe der Zeit auf Hebammen und Säugammen, die bis ins 19. Jahrhundert hinein auf die verschiedensten Arten unerwünschtem Leben ein Ende setzten – in aller Regel wohl im Einverständnis mit den Eltern.

R. B. Lyman, ein Mitarbeiter von Lloyd de Mause, stellt die These auf, es sei dem Christentum und dem Einfluß sogenannter «barbarischer» Kulturen, die nicht durch die griechische und römische Antike geprägt waren, zu verdanken, daß mit der Zeit auch Kleinkinder als Menschen mit dem Recht auf Leben angesehen wurden.

Das war ein Fortschritt. Doch Recht auf Leben bedeutete noch lange nicht Recht auf einfühlsame Behandlung. Bis in unsere Zeit waren in Europa und Nordamerika Praktiken der Säuglingspflege gängig, die man nur als Rohheit gegenüber dem Kind bezeichnen kann. Das gilt zumindest für die (sehr schmalen) Schichten, über die wir schriftliche Aufzeichnungen besitzen. Die Landbevölkerung z. B. las und schrieb nicht, und so schrieb auch niemand auf, wie sie mit ihren Babies umgingen. Aber in den «besseren» Kreisen scheint das Comeback des Stillens durch die eigene Mutter, das in unseren Tagen gefeiert wird, nicht nur ein Comeback nach den Jahrzehnten der Flaschenfütterung zu sein, sondern eines nach Jahrhunderten der Stillunwilligkeit der Mütter.

Der Einsatz von Säugammen zieht sich von der Antike bis ins 18. Jahrhundert. Auch später war es durchaus nicht selbstverständlich, daß Mütter der erwähnten besseren Kreise ihre Babies selbst stillten. Das zeigen auch die vielen Diskussionen in der medizinischen und pädagogischen Fachwelt über die Vorteile des Stillkontaktes für Mutter und Kind.

Die Praxis der Reichen bestand darin, daß die Babies meist schon in den ersten Tagen nach der Geburt den Ammen übergeben wurden. Dabei hatten sie häufig weite Reisen zu überstehen und überstanden sie durchaus nicht immer.

Und wie gingen die Säugammen mit den Babies um?

Man muß wohl davon ausgehen, daß diese Frauen in den meisten Fällen neben der Versorgung des fremden Kindes noch harte Arbeit zu leisten hatten, vor allem in der Landwirtschaft. Die Amme ins Haus zu holen, konnten sich nur sehr wohlhabende Familien leisten. Meist wurde das Kind zur Amme geschickt, und zwar auf Jahre hinaus. Zumindest in Frankreich hatte diese Praxis unglaubliche Ausmaße angenommen. Im Jahre 1780 war das Ammenwesen in Paris auch unter kleinen Kaufleuten und Handwerkern so verbreitet, daß von 21 000 Kindern, die im Stadtgebiet geboren wurden, 19 000 bei Ammen untergebracht wurden! (Badinter 1981, S. 48) Die Säugammen hatten in aller Regel auch eigene Kinder, sofern diese nicht gestorben waren. Sie hatten also nicht die Zeit, sich hingebungsvoll um die ihnen anvertrauten Babies zu kümmern.

Es wurde zwar von ihnen erwartet, den Säugling nach Bedarf zu stillen, aber aus verschiedenen Schilderungen geht hervor, daß sie durchaus auch zu anderen Mitteln griffen, um den Säugling ruhigzustellen: ein Tropfen Opium auf die Zunge, ein bißchen Mohnabkochung oder ein Löffelchen Likör erfüllten den gleichen Zweck. Oder man schaukelte das Kind derart heftig in der Wiege, daß es völlig benommen wurde. Vielleicht hat diese Praxis später zu der im

Prinzip völlig ungerechtfertigten Ablehnung der Wiege beigetragen.

Das Wickeln war auch ein Hilfsmittel der Ammen zur Ruhigstellung der ihnen anvertrauten Kinder. Die Babies wurden mindestens vier Monate lang von Kopf bis Fuß fest eingewickelt. Dauer und Art dieser Wickelung variierten wohl nach Ländern und Zeiten, aber generell war in Europa das Wickeln bis ins 20. Jahrhundert hinein üblich. Wir sagen ja noch heute, wir müßten das Kind «wickeln», obwohl im Zeitalter der Höschenwindeln von dieser Prozedur nicht viel übriggeblieben ist.

Das Wickeln selbst muß – jedenfalls in einigen kulturell überlieferten Variationen – sehr umständlich gewesen sein und bis zu zwei Stunden gedauert haben. Dabei wurden alle Gliedmaßen des Kindes fest umwickelt, weil man glaubte, die noch krummen Glieder eines Babys auf die Art in Form bringen zu müssen. Es ist darum auch kaum anzunehmen, daß die Forderung, das Kind dreimal täglich – jedenfalls in der beschriebenen umständlichen Weise – zu wickeln, eingehalten worden ist. So litten auch die meisten Babies an hartnäckigen Hautausschlägen. Das trifft sogar auf die Kinder des französischen Königshauses zu, um die nun wirklich ein großes Aufgebot an ärztlicher Fürsorge aufgefahren wurde.

Warum hat man sich und das Baby nur damit geplagt?

Warum hat man das Wickeln nicht einfach aufgegeben?

Man hätte die Babies doch auch auf andere Art warm halten können. Und man hätte sicher auch bald herausgefunden, daß sich Babies keineswegs zwangsläufig durch ihre ruckartigen Bewegungen verletzen, wenn man sie ungewickelt läßt, wie man damals fürchtete.

Der entscheidende Grund für das Wickeln dürfte ein anderer gewesen sein. Ich habe es nicht selbst ausprobiert, aber es scheint tatsächlich so zu sein, daß gewickelte Babies weniger schreien, mehr schlafen und «in sich gekehrt und träge» sind (de Mause 1977, S. 63). Es gibt eine Untersuchung aus dem Jahre 1965, die diese Tatsachen bestätigt und daraus die Frage ableitet, ob man es nicht doch wieder mit dem Wickeln versuchen sollte.

Sollte man wirklich? Darüber ließe sich streiten.

Festzuhalten bleibt, daß die Wickelei dem Kind ein gewisses beruhigendes Gefühl vermittelt. Wenig Bewegungsfreiheit und heftiges Schaukeln – was dürfte ihm bekannter sein aus seinem vorgeburtlichen Leben? Daher wohl der Effekt, daß man sich um das gewickelte Kind in der Wiege bis auf gelegentliches Schaukeln kaum zu kümmern brauchte.

Wie gesagt: in dieser Folge des Wickelns, der «Beruhigung» des

Kindes sehe ich den eigentlichen Grund dafür, daß am Wickeln trotz aller gesundheitlicher Bedenken so hartnäckig festgehalten wurde.

Die Geburt der Pädagogik: Kampf der «Verwöhnung»

Es ist sicher bezeichnend, daß gerade Autoren, die sich dafür einsetzten, den Säuglingen mehr Bewegungsfreiheit zu verschaffen, wie z. B. Jean-Jacques Rousseau, auch diejenigen waren, die energisch von den Müttern forderten, sich selbst um ihre Babies zu kümmern. Natürlich waren durch diese Appelle ebenfalls in erster Linie die Frauen der dünnen europäischen Oberschicht und des aufkommenden Bürgertums angesprochen. Ein ungewickeltes Kind verlangt einfach mehr Hingabe, die die Frauen nur unter dem Eindruck der damals neu aufkommenden Wertschätzung der Mutterrolle aufzubringen bereit waren. Dennoch dauerte es noch bis ins 20. Jahrhundert, bis das letzte Wickelband und Steckkissen verschwunden war, wenn man die festknöpfbaren Schlafsäcke unserer Zeit nicht auch noch dieser Tradition zurechnen will.

Mit der Rückkehr der Babies in die Arme der Mütter war aber der Glaube keineswegs vorbei, daß ein Kind von den Erwachsenen geformt werden müsse. Zu Zeiten der Wickelbänder hatte sich diese Annahme noch direkt auf die körperliche Entwicklung bezogen. Ein Bein, das man nicht gerade schnürte, würde unweigerlich krumm bleiben; ein Kind, dem man das Krabbeln erlaubte, würde nie von dieser tierischen Fortbewegungsart loskommen. Seit der Zeit der Aufklärung, also im 18. Jahrhundert, setzte sich aber doch langsam die Erkenntnis durch, daß der Körper eines Säuglings schon von selbst die ihm innewohnende Möglichkeit der Vollendung erreichen würde, wenn man ihn nur nicht daran hinderte.

Aber was die geistige Entwicklung anging, war man von dieser Kraft der Selbstregulierung noch keineswegs überzeugt. Im Gegenteil.

Man begann eigentlich erst jetzt, sich intensiv um das Innenleben der Kinder zu kümmern. So wie man zuvor geglaubt hatte, gerade Gliedmaßen seien das Ergebnis ständiger Formung durch das Wickelband, so war man jetzt überzeugt, «gerade» Seelen nur durch ständige Kontrolle erreichen zu können.

Die Methoden der Erziehung, die sich damals im neuen Stand des Bürgertums ausbreiteten, muten uns heute entwürdigend an. Bespitzelung, nächtliche Überwachung zur Verhinderung von Masturbation, Moralpredigten und öffentliche Beschämung waren an der Tagesordnung – jedenfalls in solchen Familien, die es sich leisten konnten, viel Zeit auf die Erziehung ihrer Kinder zu verwenden.

Es war nur logisch, daß diese Methoden auch ihren entsprechenden Niederschlag in der Säuglingspflege fanden.

Auch hier konnte man nicht glauben, daß ein Kind seine Verhaltensweisen langsam entwickelt und seinen jeweiligen Bedürfnissen anpaßt, sondern sie mußten direkt von den Erwachsenen geformt werden. Wie sie geformt werden mußten, das ergab sich für die Menschen damals geradlinig und unkompliziert aus den Tugenden und Charaktereigenschaften, die das neue Zeitalter der Maschinen und der Erfindungen, der Entdeckungen und der Industrialisierung, der Eroberung der Welt durch den weißen Mann offensichtlich brauchte.

So gab es Ende des 19. Jahrhunderts in den Vereinigten Staaten von Nordamerika eine starke Kampagne gegen das «Verwöhnen» der Babies, eine Kampagne, wie sie in Preußen gar nicht notwendig war, weil hier schon immer das Sprichwort galt: «Früh krümmt sich, was ein Häkchen werden will.» Die amerikanischen Bestrebungen gegen das Verwöhnen der Kleinkinder hatten ihren Ursprung in den Schriften der Aufklärung, und sie sind bis in die heutige Zeit in manchen allgemeinen Erziehungsvorschriften gegenwärtig.

Ein zentraler Punkt im Kampf gegen die «Verwöhnung» war die Abschaffung der Wiege. Jahrhundertelang hatte die Wiege dazu gedient, Kinder zu beruhigen. Es war kein pädagogisches Prinzip, das sie in den Rang der unentbehrlichen Ausstattung für die Säuglingspflege erhoben hatte, sondern die tausendfach bestätigte Erfahrung, daß Schaukelbewegungen ein Kind beruhigen. Da nun aber in den Augen der zunehmend naturwissenschaftlich orientierten Kinderärzte nichts anderes im Kind sein konnte, als was ihm von den Erwachsenen eingepflanzt worden war, mußte dieses Schaukelbedürfnis eine schlechte Angewohnheit sein – also weg damit!

Und weg mit jenen Praktiken, die solche Angewohnheiten schaffen. Ganz schlimm z. B.: ein Kind auf den Armen in den Schlaf zu wiegen. Solche Verhaltensweisen wurden als nutzlos, schädlich, ja verwerflich dargestellt. So in Dr. Luther Emmet Holts (amerikanischem) Handbuch zur Säuglingspflege, das 1884 erschien und 50 Jahre lang immer neu aufgelegt wurde, wie Ashley Montagu in seinem bemerkenswerten Buch Körperkontakt (1982, S. 96) mitteilt.

Auch in Deutschland ist die Wiege in jener Zeit jedenfalls in bestimmten Kreisen in Verruf geraten. So ist beispielsweise im «Bilz», einem um die Jahrhundertwende weit verbreiteten voluminösen Handbuch der Naturheilkunde, über die Wiege zu lesen, daß man annimmt, sie «verdumme» die Kinder.

Von unserem heutigen Wissensstand ist dem entgegenzuhalten, daß – physiologisch gesehen – genau das Gegenteil richtig ist! Aber damals war halt alles verdächtig, was schon auf den ersten Blick der Entspannung diente.

Diese Haltung dem Säugling gegenüber wurde in der ersten Hälfte des 20. Jahrhunderts und darüber hinaus von der neu aufkommenden psychologischen «Schule» des sogenannten Behaviorismus unterstützt. Menschliches Verhalten und die Veränderung menschlichen Verhaltens, also Lernen, lassen sich nach Meinung dieser Psychologie-Richtung auf unterschiedliche Muster von Reizen und Reaktionen reduzieren. Alle Äußerungen des Menschen – und damit auch des Kindes – werden nach dem Muster interpretiert, daß ein gewisser Reiz, z. B. ein Ton oder ein Lächeln oder ein Geruch, eine bestimmte Reaktion auslöst. Diese Reaktion kann durch ein positives Echo «verstärkt» werden. Bleibt ein solches Echo aus, so verringert sich die Wahrscheinlichkeit, daß der Mensch die Reaktion wiederholt. Was liegt bei solcher Sicht der Dinge näher, als dem Baby das lästige Schreien dadurch abzugewöhnen, daß man einfach keine Reaktion darauf zeigt?

Die ohnehin schon vorhandene Angst mancher Eltern, sich einen «kleinen Tyrannen» heranzuzüchten, wurde und wird (denn diese Richtung der Psychologie ist keineswegs tot!) durch solche «wissenschaftlichen» Ratschläge erst so richtig hochgezüchtet. Ob das nun um die Frage geht: Darf das Kind ins Bett der Eltern? Oder: Soll man es füttern, wenn es Hunger hat und schreit? Oder: Darf man Herumtragen oder Wiegen als Hilfe zum Einschlafen anbieten? Jedesmal ist es klar, daß «verantwortungsvolle» Eltern dem Kind gegenüber nicht einfach weich und nachgiebig sein dürfen.

Denn alle kleinen Finger, die gereicht werden, ziehen ganze Hände nach. Jede kleine liebevolle Zuwendung verlangt nach mehr. Das hat unweigerlich Gewöhnung zur Folge, und noch heute steht vielen Eltern das Schreckgespenst vor Augen, daß sie auch noch das Zehnjährige wiegen müssen, wenn sie erst einmal den Fehler gemacht und beim Baby angefangen haben.

Die Gefühle des Babys, seine Bedürfnisse, Ängste, aber auch seine Motivation, zu wachsen und ein Selbst zu werden, interessieren bei dieser Wissenschaft nicht, denn für sie sind Dinge wie Gefühle und Inneres nicht meßbar und darum bei dieser Art der Betrachtungsweise nicht von Belang.

Daß sich beim Kind nichts verändert, was der Erwachsene nicht veranlaßt hat, ist auch heutzutage noch eine lebendige und verbreitete Alltagsvorstellung. Ich habe Jan und Lena beide über zwei Jahre gestillt. Bei Lena sagte niemand mehr etwas, denn ich hatte schon Jan vorzuweisen, der sich problemlos selbst abgestillt hatte. Aber bei dem ersten! Ob ich denn zu jeder Frühstückspause in die Schule eilen wollte, um dem Knaben die Brust zu reichen? Darauf, daß das Kind schon irgendwann keine Lust mehr auf Brust haben könnte, darauf wollte niemand so recht vertrauen außer meinem Mann und mir. Und wir haben recht behalten.

Seelenliebe und Körperfeindschaft

Es erscheint mir wichtig, noch einmal auf die schon erwähnte Entwicklung «vom Körper weg» hinzuweisen, die sich in der jüngeren Geschichte zeitweilig geradezu als ausgeprägte Körperfeindlichkeit zeigte und noch zeigt.

Mag zwar das frühere Wickeln der Säuglinge heute in unseren Augen nicht mehr die angemessenste Methode sein, einem Baby zu Wohlbefinden zu verhelfen, so war es aber immerhin die Antwort auf ein körperliches Bedürfnis, nämlich den Wunsch des Kindes, irgendwie «festgehalten» zu werden. Dasselbe gilt für die Wiege. Sie ist zwar ein künstlicher Ersatz für die Schaukelbewegung des mütterlichen Körpers, aber indem man einen Ersatz schafft, nimmt man das Bedürfnis ernst. Man könnte die Reihe fortsetzen mit dem Daumenlutschverbot, dem für unabdingbar notwendig erachteten eigenen Bett, dem eigenen Zimmer, dem Laufstall, und als neuester Errungenschaft und absoluter Spitze mit der Videoanlage, die der Mutter dazu dient, das Kinderzimmer von der Küche aus zu überwachen.

Die Körperfeindlichkeit der europäischen Kultur wird meist der christlichen Tradition zur Last gelegt, und sicher nicht zu Unrecht. Wenn es der Kirche als Verdienst angerechnet werden kann, die Praxis des Kindermords angeprangert und die ersten Findelhäuser für ausgesetzte Kinder errichtet zu haben, dann muß man auch dazu sagen, daß es ihr hauptsächlich um das *Seelen*heil der Eltern und Kinder ging.

Wer sich die Tauflieder im Gesangbuch ansieht, die alle bis auf wenige Ausnahmen aus der Zeit um 1500 stammen, wird das bestätigt finden. Ich habe in allen diesen Liedern nur eine einzige Zeile gefunden, in der dem Kind körperliches Wohlbefinden gewünscht wird: «Durch deine Engel es bewahr vor Unfall, Schaden und Gefahr.» Alles andere, was ich las, dreht sich um die Seele und ihre Unschuld, die es sich nach Möglichkeit bewahren soll, um schließlich das ewige Leben zu erringen.

Dieses einseitige Interesse an der Seele des Menschen war eine der Quellen, aus denen sich in den folgenden Jahrhunderten die Entwicklung zu einer regelrechten Ablehnung der Körperlichkeit speiste, die ihren Höhepunkt wohl im 19. Jahrhundert hatte.

Daß die Säuglingspflegepraktiken von diesem «Trend» nicht verschont blieben, ist sicher kein Wunder.

Der Trend zu Trennungen, zur körperlichen Trennung und zur Isolation, scheint mir dabei immer noch nicht gebrochen zu sein. Das schon erwähnte eigene Bett und das eigene Zimmer sind kaum diskutierbare Größen.

Ich entsinne mich bestens der überaus mißbilligenden Gesichter unserer (kinderlosen) Bekannten, als wir ihnen vor der Geburt unseres ersten Kindes verkündeten, wir hätten vorerst nicht vor, ein Kinderzimmer einzurichten. Die heute verbreiteten und sicher zu Recht hochgehaltenen (Erwachsenen-)Ideale von Eigenständigkeit und Emanzipation gehen auch einher mit körperlichem Für-Sich-Sein. Der naive und in dieser Hinsicht eben nicht emanzipierte, sondern unaufgeklärte Erwachsene projiziert diese für ihn richtige Form der Existenz und die dazugehörigen Bedürfnisse auf das Kind. Und schon geht der Streit los.

Unser Jan jedenfalls hat uns den Gefallen getan, uns in unserer Annahme zu bestätigen, daß er in der ersten Zeit ohnehin am liebsten da sein würde, wo wir uns aufhielten. Und genaugenommen entspringt auch unser jetziges großes Kinderzimmer mehr unserem Bedürfnis, nicht allenthalben über Spielzeug zu stolpern, als dem ausgesprochenen Wunsch der Kinder nach einem eigenen Reich. Wenn es nach ihnen ginge, schleppten sie ihr Spielzeug immer dahin, wo wir gerade sind.

Warum ändert sich da was?

All diese Streiflichter auf die Geschichte der Säuglingspflege geben aber noch keine Antwort darauf, warum zur Zeit immer mehr Eltern versuchen, diese körperlichen Trennungen aufzuheben und gleichzeitig die Eingriffe in die innere Entwicklung der Kinder zu reduzieren.

Mir scheint hier ein Prozeß abzulaufen, der gewisse Ähnlichkeiten mit dem hat, was sich während der Aufklärung abspielte. Durch Beobachtungen an Naturvölkern wuchs damals das Vertrauen in die Selbststeuerung des körperlichen Wachstums. Und so wie John Locke 1693 aus Berichten über afrikanische Stämme an der Goldküste schloß, daß das feste Bandagieren der kindlichen Gliedmaßen überflüssig sei, so haben uns Berichte über verschiedenste Kulturen zu der Einsicht gebracht, daß aus einem Kind, dessen Schreien man ernst nimmt, keineswegs ein ewig plärrender Erwachsener wird.

Es wächst auch das Vertrauen in die Seele des Kindes. Ob dieser Zuwachs an Vertrauen auf einen Zuwachs an Wohlstand zurückzuführen ist?

Ob wir nur deshalb paradiesisch-natürliche Zustände als Maßstab hernehmen, weil wir unsere Kinder locker bekleidet durch zentralgeheizte Räume tragen können, anstatt mühsam Öfen zu schüren und Brennholz im Wald zu sammeln? Weil uns im Supermarkt die Speisen in den Mund wachsen, statt daß wir im Schweiße unseres Angesichts Rüben hacken und Heu einbringen müssen?

Ich weiß es nicht. Es wäre sozusagen die materialistische Erklärung dafür, warum in unserer Vergangenheit die Kinder «weggelegt» wurden; ein Klima, das über Jahrhunderte harte Arbeit zum Lebensunterhalt notwendig machte.

Eine andere Theorie stellt Lloyd de Mause auf. Er sieht eine psychogenetische Entwicklung im Verhältnis zu den Kindern, und er behauptet, daß Eltern, natürlich von Schicht zu Schicht und von Individuum zu Individuum in verschiedenem Maße, es zunehmend schaffen, sich von psychologischen Projektionen auf die Kinder freizumachen. So sollen es z. B. heute viele Eltern nicht mehr nötig haben, das Böse in sich in ihren Kindern zu bekämpfen.

Um diesen Gedanken folgen zu können, ist neben gutem Willen auch eine gute Kenntnis psychoanalytischen Gedankenguts die Voraussetzung. Sicherlich wirken bei dieser Entwicklung zu größerem Vertrauen in uns selbst und in die Kinder – wie stets bei solchen großen gesellschaftlichen Vorgängen – viele Faktoren in dieselbe Richtung.

Wie dem auch sei, offenbar ist: Eine historische Entwicklung hat ihren Höhepunkt offensichtlich überschritten, die Welle ist gebrochen, eine neue gegenläufige Entwicklung hat eingesetzt. Der Kindesmord in der Antike und das «Beachte-es-nicht» der behavioristischen Psychologie des 20. Jahrhunderts, das Weggeben zur Amme und das Weglegen ins Gitterbett, die Ruhigstellung durch Rauschmittel und der straff durchgezogene Vier-Stunden-Rhythmus – all dies war Ausdruck des historisch überdauernden Motivs, sich des Kindes zu erwehren, ihm nicht – das war die Angst – zu erliegen, sondern die radikal gestellten Forderungen des Babys auf ein Maß zu reduzieren, das die Erwachsenen der jeweiligen Epoche und ihrer Kultur verkraften konnten.

Liebe in die Tat umzusetzen und dabei wirklich das zu tun, was der «Geliebte» auch als Liebe empfindet, das ist wohl nicht so einfach, wie es sich anhört.

Manches, was damals üblich war, haben die Säuglinge gewiß als Quälerei erlebt. Das festzustellen heißt nicht, daß wir den Erwachsenen absprechen wollen, aus einem subjektiven Gefühl der Liebe heraus gehandelt zu haben. Und ich sage: Wo das der Fall war, haben die Kinder das auch gespürt.

Man kann zwar viel über kollektive Verdrängungen, Schuldgefühle und unbewußte Ablehnungen des Kindes nachdenken, und das mag für die Wissenschaft der Psychologie ein weites Feld sein. Aber deshalb sollten wir trotzdem nicht glauben, wahre Liebe zum Kind habe es zur Zeit der Ammen, Wickelbänder und Prügelstrafe nie gegeben. Wenn es überhaupt möglich ist zu beschreiben, was «wahre» Liebe eigentlich ist!

Diese Frage stellen sich allerdings jene kaum, die sich heute anheischig machen, neue und ältere Ratschläge, Omas Rezepte und die Rezepte der Wissenschaftler den verunsicherten jungen Müttern anzudienen. Sie wissen offenbar alle sehr genau, was wahre Liebe ist. Mindestens tun die meisten von ihnen so. Sehen wir uns die Sache doch einmal näher an.

Was heute jungen Eltern geraten wird I: Allerlei Broschüren

Elternrat gibt's wahrlich genug. Jede Buchhandlung hat in ihrer pädagogischen Ecke mindestens einen halben Meter Bücher über das Baby. Und dieses Buch verlängert die Reihe um fast zwei weitere Zentimeter. Was steht denn nun so da drin?

Ach, bevor ich damit anfange. Außer in den Büchern werden ja auch auf anderem Wege Ratschläge großzügig verteilt. Da gibt es verschiedene Elternzeitschriften, die die Themen rund ums Baby regelmäßig aufgreifen. Außerdem bekommt jede Frau, die gerade mit der Bestätigung ihrer Schwangerschaft das Sprechzimmer des Arztes verläßt, wunderschöne Hochglanzbroschüren in die Hand gedrückt, die von allerlei Herstellern von Windeln und Babynahrung herausgegeben werden. Ich habe gesammelt, und nun liegt ein ganzer Stapel von gesammelter Klugheit vor mir.

Was haben denn die Autoren zu unserem Problem zu sagen, wie Eltern, erwachsene Personen, mit dieser ständigen «Belagerung» durch Säuglinge umgehen sollen?

Die Antworten finden sich meist unter der Sparte «Schreien», «Zuwendung», «Liebe», «Nestwärme».

Fangen wir an bei *Humana*: «Grundsätzlich sollten Sie Ihr Kind nicht schreien lassen.» – «Vorsingen, Herumtragen und Wiegen beruhigt Ihr Kind oft schnell» (Humana 1984, S. 76). Davon, was passiert, wenn man mit dem Vorsingen aufhört, steht hier nichts. Aber gerade davon können geplagte Eltern ein Lied singen!

Milupa: «Befriedigen Sie die seelischen und körperlichen Bedürfnisse Ihres Kindes unbekümmert und mit Freuden. Geben Sie sich dabei voll Ihrer zärtlichen Zuneigung hin» (Milupa 1982, S. 40). «Gehen Sie dabei auf die Signale Ihres Kindes ein, und erfüllen Sie seine Wünsche nach Ihrer Nähe. Es gewinnt das Vertrauen, daß Sie seine ‹Rufe› beachten – sein Urvertrauen, das den Grundstein für die spätere Gefühlswelt Ihres Kindes bildet, wird geprägt.» – «Ein Kind kommt mit der Fähigkeit auf die Welt, sich anderen Menschen zuzuwenden. Es gibt deutlich zu erkennen, daß es Vergnügen daran hat, wenn man sich mit ihm befaßt. Es kann andererseits auch Unbehagen äußern, wenn das Vergnügen zu Ende ist» (Milupa 1982, S. 39). In der Tat, das kann es! Stimmt alles! Nur: Wie eine Mutter «unbekümmert und mit Freuden» die Bedürfnisse ihres Kindes erfüllen soll, wenn der Wäschekorb überquillt und sie zum Umfallen müde ist – diese Kleinigkeit hineinzuschreiben, haben sie einfach vergessen. So was!

Hipp: «Begegnen Sie Ihrem Baby vor allem mit viel Liebe und Geduld. Sie sollten es bei jeder Gelegenheit spüren lassen, daß es geliebt wird, denn dadurch entwickelt sich sein tiefes Vertrauen in Sie und Ihre Familie. Dieses Geborgenheitsgefühl ist die beste Voraussetzung dafür, daß Ihr Kind ein eigenes Selbstbewußtsein entwickelt.» – «Sie können also schon sehr früh dazu beitragen, daß Ihr Kind später besser mit sich und seiner Umwelt zurechtkommen kann.» – «Und haben Sie keine Angst, Ihr Kind zu verwöhnen. Nehmen Sie es auf den Arm, wenn es durch Weinen und Schreien danach verlangt. Die Erfahrung, daß Vater und Mutter da sind, wenn Not am Mann ist, wird sein Vertrauen stärken und rasch dazu führen, Eigenständigkeit zu entwickeln» (Hipp 1983). Ich hätte Lust hinzuzufügen: «Für die Erledigung der Hausarbeiten und die Betreuung Ihrer älteren Kinder fordern Sie bitte die Hipp-Haushaltshilfe an. Es gibt sie in drei Preisklassen . . .»

Bei *Alete* klingt das nicht anders, ich spare mir das Zitat.

Dann gibt es noch die *Ärztlichen Ratgeber,* herausgegeben vom Deutschen Grünen Kreuz. Da heißt es: «Zur Versorgung eines Kindes benötigt man Zeit. Das Kind benötigt zu seiner Entwicklung aber mehr als Versorgung und Pflege, es benötigt menschliche Nähe und Zuwendung, Hautkontakte und Zärtlichkeit» (Becker 1983, S. 39).

Und die Bundeszentrale für gesundheitliche Aufklärung rät in ihrer Broschüre ‹Das Baby›: «Ein Kind kann in seinem ersten Lebensjahr kaum genug Wärme, Zärtlichkeit und Zuwendung bekommen. Es kann eigentlich gar nicht genug verwöhnt werden.» – «Mittlerweile ist nachgewiesen worden, daß es in den ersten Lebensmonaten für das Kind einfach lebensnotwendig ist, seine Bedürfnisse zu befriedigen; das hat mit Verwöhnen nichts zu tun» (S. 51).

Wir wollen auch nicht ungerecht sein. Daß den Müttern in einigen dieser Broschüren die ja immer noch weit verbreitete Angst ausgeredet wird, sie könnten ihr Kind verwöhnen, wenn sie es aufnehmen – das ist gegenüber früher schon ein großer Fortschritt. Was halt fehlt, das ist das Ernstnehmen der praktischen und der psychischen Schwierigkeiten, in die die Mutter durch solche Ermunterung gerät und die geradezu höllische Gewissenspein bedeuten können, die zum Schluß Mutter und Kind gemeinsam bewältigen und erleiden müssen.

Soweit die Ratschläge, die es umsonst gibt.

Was heute jungen Eltern geraten wird II: Zeitschriften

Ein paar Mark bezahlen muß man schon für gute Tips wie die folgenden:

Eltern-Sonderheft «Mein Baby» 1984/85: «Alle namhaften Psychologen und Pädagogen sagen immer wieder: Je mehr ein Kind im ersten Jahr die Erfahrung macht, daß unsere Welt freundlich ist, desto mehr wird es das Leben lieben lernen. Und dann wird es auch warten und verzichten lernen» (S. 35). «Man verwöhnt ein Kind nicht, wenn man zu ihm geht, wenn es schreit. Im Gegenteil: Man gibt ihm seelische Stabilität. Und genau die braucht es, um irgendwann auch allein mit seinen Ängsten und Schmerzen fertig zu werden!»

Nun folgt – welch rühmliche Ausnahme unter allen bisher zitierten Broschüren! – ein Abschnitt, der sich mit den Gefühlen der Mutter befaßt: «Sicher, Mütter sind auch nur Menschen und irgendwann an der Grenze ihrer Belastbarkeit... Dazu sollte sie sich bekennen ohne schlechtes Gewissen. Sie hat ja auch Anspruch darauf, zu leben – und vielleicht spürt das Baby das sogar.»

Und *unser kind*: «Das Alleinsein an sich können die meisten Babies nicht lange ertragen. Je kleiner das Kind, desto mehr Körperkontakt braucht es ... Es braucht das Gefühl, gehalten zu werden. Überhaupt: Im ersten Vierteljahr sollte man alles für das Kind tun. Alles, was es will! Auf jeden Pieps hören» (Dittmar-Kolb 1985, S. 26). Ich denke, mit der Frau, die das gesagt hat, einer freien Hebamme aus Hamburg, könnte ich mich schon verstehen – wenn sie nur dazu sagen würde, wie man dieses erste Vierteljahr ohne Nervenzusammenbruch überstehen soll!

Ich will nicht ungerecht sein. Meine bösen Bemerkungen sollten keineswegs bedeuten, daß ich all diese Sätze für falsch halte. In diesen Ratschlägen steckt ein Maß an Mitgefühl mit dem Baby, wie es beispielsweise Herr Dr. Holt, der so gewaltig gegen die Wiege wetterte, nicht aufzubringen imstande war. Es ist schon erstaunlich, in welcher Breite sich die Erkenntnisse der Psychologie über die frühkindliche Entwicklung durchgesetzt haben.

Dennoch, es bleibt etwas Unbefriedigendes an diesen guten Ratschlägen. Wie um alles in der Welt soll man denn nun dem Baby «Liebe», «Geborgenheit», «Zuwendung», «zärtliche Zuneigung» geben? Ich unterschlage nichts bei diesen Zitaten. Die Texte gehen wirklich kaum über die Vorschläge hinaus, das Kind aufzunehmen, wenn es schreit, ihm etwas vorzusingen, es herumzutragen, ihm Hautkontakt zu gewähren.

Die grenzenlose Mutterliebe wird nicht nur in Worten beschworen, auch die Bilder in diesen Broschüren gaukeln vor allem werdenden Eltern eine zauberhafte Welt vor. Das Baby strahlt halbnackt die Mutter an, die in locker übergeworfener weißer Spitzenbluse und seidig schimmerndem Haar ihrem Kind die Brust darreicht. Die schon Eltern sind, werden neiderfüllt auf die sonnendurchglänzten Bilder schauen und dann ihren Blick durch die eigene Wohnung schweifen lassen. Was sehen sie da? Ein tagelang ungemachtes Bett, den Ölfleck auf dem Teppichboden, den die umgekippte Ölflasche hinterlassen hat, feuchte Wäsche über den Heizkörpern, und die eigenen Kleider muß man noch alle Tage waschen wegen des säuerlichen Milchgeruchs, den der Sprößling überall hinterläßt.

Ich habe mir beim ersten Kind natürlich auch diese wohlformulierten Ansprüche zu eigen gemacht. Und dann kam ich mir völlig im Stich gelassen vor. Mit der Zeit wurde ich immer wütender auf all diese gescheiten Leute, die da in schönen Allgemeinplätzen etwas fordern, ohne Hilfen und Bedingungen zu nennen, unter denen diese Forderungen auch erfüllt werden können.

Wenn ich vor der Geburt meines ersten Kindes solche Sätze las wie «Haben Sie keine Angst, Ihr Kind zu verwöhnen. Nehmen Sie es auf den Arm, wenn es durch Weinen und Schreien danach verlangt!», dann wurde mir ganz warm ums Herz vor lauter guten Vorsätzen. Aber als ich ein paar Monate später stundenlang nachts mit dem Kind an der Brust neben seinem Bett saß, und es wollte nicht einschlafen, oder wenn ich es wiegend und singend durch die unaufgeräumte Wohnung trug, dann waren da ganz andere Empfindungen in meinem Herzen.

Die wohlklingenden Worte hatten mir suggeriert, man brauche das Kind nur kurz hochzunehmen, ein bißchen zu trösten, vielleicht zu wickeln oder zu stillen, dann sei alles wieder im Lot. Aber die Wirklichkeit sah anders aus. Es ist einfach nicht so, daß man dem Baby Geborgenheit «geben» kann. «Geben» bedeutet: ich reiche einem anderen etwas hin, kann mich dann aber wieder zurückziehen und für mich sein. Nein, für ein Baby muß man Geborgenheit *sein*. Da kann man sich nicht zeitweise aus dem Spiel lassen, sich nicht zurückziehen.

Und auf diesen Zustand bereiten diese Texte nicht vor. Ob da eine verborgene Absicht dahintersteckt? Immerhin werden zumindest die zuerst genannten die Broschüren von Leuten verteilt, die selber auch gewisse Interessen verfolgen.

Hipp, Humana und Co. beteuern zwar, daß Stillen das Beste fürs Baby sei – aber das Beste für die Umsätze der Firmen ist ganz sicher das Abstillen. Vielleicht kommt es diesen Leuten gar nicht so ungelegen, wenn junge Eltern an der Unerfüllbarkeit der Ansprüche verzweifeln, die da schwarz auf weiß gedruckt stehen, und vor lauter Verzweiflung die Milch nicht so recht fließt?

Sehen wir uns doch die Bücher der Autoren an, die sonst weiter nichts verkaufen wollen? Vielleicht ist es bei denen anders?

Was heute jungen Eltern geraten wird III: Ratgeber-Bücher

Unter den Ratgeber-Büchern gibt es solche und solche. Im ‹Elternbuch 1› (Diekmeyer 1976), das zwar älteren Datums ist, aber immer wieder neu aufgelegt wird, fand ich in dieser Hinsicht nichts anderes als in den Broschüren der Babyköstler. Es ist eher noch schlimmer, denn es ist derart vollgestopft mit Anregungen, was man mit dem Baby alles machen soll («Ab jetzt soll Ihr Kind jede Woche ein neues Material und seine Eigenschaften kennenlernen. Papier zum Beispiel . . .», Diekmeyer 1976, S. 129), daß das Gefühl des Versagens ganz unweigerlich eintritt.

Ein ganzes «Entwicklungsprogramm» wird uns armen Eltern hier vorgesetzt, mit dem guten Rat: «Es empfiehlt sich, daß Sie dieses Kapitel eine Zeitlang zu Ihrer Hauptlektüre machen. Dann kennen Sie die Übungen bald auswendig und brauchen beim Spielen nicht jedesmal nachzublättern» (Diekmeyer 1976, S. 109).

Mich schaudert's. Und das soll «Spielen» sein?

Natürlich geht es auch bei Diekmeyer um die Entwicklung von «Selbstbewußtsein»: «Wenn Sie sich immer viel mit Ihrem Kind beschäftigen, ist die Entwicklung seines Selbstbewußtseins kein Problem.» – «Wenn Ihr Kind erst einmal schreit, dann vermißt es etwas, ist unzufrieden, unglücklich. Helfen Sie ihm dann. Denn wenn Sie es in solchen Situationen weiterschreien lassen, kann es kein Vertrauen fassen zu Ihnen, zu seiner Umwelt, ja zum Leben überhaupt. Gehen Sie zu Ihrem Kind hin, zeigen Sie ihm etwas, was ihm Freude macht, spielen Sie mit ihm, lächeln Sie es an» (Diekmeyer 1976, S. 143).

So. Ja.

Ach, einen praktischen Ratschlag bekommen wir doch: «Erledigen Sie die Hausarbeit, wenn Ihr Kind schläft, und nehmen Sie sich viel Zeit für es, wenn es wach ist» (Diekmeyer 1976, S. 138).

Das ist nun wirklich ein ganz heißer Tip. Moment mal, war der Autor nicht ein Mann?

Wenn ich das ernst nehmen würde, dann müßte ich angesichts meines Sechsjährigen, der demnächst in die Schule kommt, meiner Dreijährigen, die ständig am Spielen, Schnippeln, Malen und Plappern ist, meines sich täglich mehr rundenden Bauchs, angesichts von großem Garten, großem Haus, Schafen und Kaninchen in grenzenlose Verzweiflung verfallen.

Es gibt noch andere «kompetente» Leute, die ähnliches von sich geben. Prof. Dr. Bernhard Hassenstein schreibt für die Deutsche Liga für das Kind / Initiative gegen frühkindliche Deprivation: «Der Zeitaufwand für Mahlzeiten, Körperpflege, Spiel und zärtlichen Mutter-Kind-Kontakt sollte im ersten Lebensjahr fünf bis sechs Stunden pro Tag betragen, jedoch keineswegs weniger als vier Stunden» (Hassenstein 1981, S. 3). Ich habe nicht Buch geführt, aber ich glaube nicht, daß Lena sechs Stunden «Zuwendung» am Tag bekommen hat, wenn man die Zeiten mal nicht rechnet, die sie auf meinem Rücken verbracht hat. Wenn man die allerdings dazurechnet, dann kommt bestimmt einiges mehr als sechs Stunden heraus. Und ich denke nicht, daß Prof. Hassenstein bei ihr eine «frühkindliche Deprivation» diagnostizieren würde.

Etwas anders ist ‹Das Beste fürs Baby› (Scheilke 1981). Hier werden all die Schwierigkeiten beim Namen genannt, die junge Eltern plagen: mangelnder Schlaf, die Unmöglichkeit zu planen, wenn ein Baby im Hause ist, die Gefühle ständigen Angespanntseins. Aber der Grundtenor des Buches ist: Nicht so ernst nehmen, sich durchbeißen. Die «Liebe» wird nicht gefordert, sie wird vorausgesetzt. Was praktisch empfohlen wird, unterscheidet sich aber nur unwesentlich von den anderen Ratgebern, ist zwar praxisnäher, aber durchaus nicht unkonventionell. Auswege werden nicht gezeigt. Aber es werden auch keine Versagensgefühle produziert – und das ist ein gewaltiges Plus!

Auswege deuten sich an bei Barbara Sichtermann in ihrem Buch ‹Leben mit einem Neugeborenen› (Sichtermann 1982). Sie hat einen «Gegen-Leitfaden» geschrieben. Sie entthront so manche scheinbar unumstößliche Wahrheit betreffs der Säuglingspflege, und das auf sehr scharfsinnige und amüsante Art.

Das Kinderbett nennt sie ein «Kindergefängnis».

Statt einer Liste, was man alles braucht fürs Baby, schreibt sie ein Kapitel darüber, was man alles *nicht* braucht.

Wer Lust an schlauen Büchern hat, kann diese Lust hier befriedigen. Barbara Sichtermann plädiert dafür, das Kind nicht «wegzu-legen», sondern es an seinem Leben teilnehmen zu lassen. «Nehmen Sie Ihr Kind, auch wenn es nicht weinend danach ver-langt, so oft Sie können an Ihren Körper. Vergessen Sie den Kin-derwagen und binden Sie das Kind zum Ausgang vor die Brust oder auf die Hüfte. Tragen Sie es auch in der Wohnung umher, und wenn Sie zugleich Ihre Hände gebrauchen wollen, so binden Sie es auch in der Wohnung an Ihrem Körper fest» (Sichtermann 1982, S. 52).

«Sie können, umschlungen von Ihrem Kind, einfache Tätigkeiten erledigen, bei denen Sie viel umhergehen müssen, z. B. Hausarbeit. Das wache Kind mag es sehr gern, wenn der Erwachsene, der es trägt, sich viel bewegt. Besonders gut geht es, wenn das Kind etwas älter geworden ist und Sie es auf den Rücken binden können» (Sich-termann 1982, S. 54).

Das sind Töne, die in den anderen Ratgebern nicht angeschlagen werden, und das sind hilfreiche Hinweise, wie «Geborgenheit» und «Liebe» praktisch aussehen können.

Aber was macht man damit? Ich habe das Buch einige Zeit vor dem von Jean Liedloff gelesen. Barbara Sichtermanns gesam-melte Gedanken haben 245 Seiten, und als ich mich von jener Seite 54, wo das eben Zitierte zu finden ist, durch die knapp 200 restlichen Seiten durchgelesen hatte, hatte ich den guten Tip mit der Hausarbeit schon wieder vergessen. Alte kulturell vermit-telte und damit doppelt gefestigte Gewohnheiten wie das «Weg-legen» des Babys sitzen offenbar sehr fest. Und sie sind nicht so einfach zu überwinden, selbst dann nicht, wenn man, wie ich, im Grunde selbst nie davon überzeugt war. Solch sanfte Anstöße und Hinweise wie die von Barbara Sichtermann genügen da nicht. Ich brauchte Jean Liedloffs Holzhammermethode, bis ich es schaffte, dem Kind wirklich meinen Körper als «Wohnung» anzu-bieten.

Erst da fing ich auch an, langsam zu begreifen, was all die anderen Ratgeber so unbrauchbar macht.

Liebe ist wichtig. Darin haben sie allesamt recht. Aber Liebe ist nicht nur ein Gefühl. Liebe will in Tätigkeit umgesetzt werden. Aber welcher Art diese Tätigkeit sein kann, ohne den Liebenden zu überfordern, die Antwort bleiben all die schönen Bücher und Bro-schüren weitgehend schuldig.

Ein wenig Antwort auf diese Frage aber finden wir, wenn wir uns bei anderen Kulturen umsehen. Und wir finden nicht nur Antwort, sondern wir lernen auch zu verstehen, wie vielfältig die Möglichkeiten sind, wie unterschiedliche Formen der Säuglingspflege es gibt. Und wie groß die Folgen auch winziger Unterschiede in den kulturell genormten Verhaltensweisen in der Beziehung zwischen Müttern und Kindern sein können.

Kapitel 3

Ein Ausblick in andere Kulturen

Nicht alle «Naturvölker» pflegen den Hautkontakt zu ihren Babies

Daß wir auf unseren Straßen zunehmend Mütter und Väter mit ihrem Baby im Tragetuch oder Tragesitz sehen, hängt ganz sicher damit zusammen, daß über Bücher, Filme und Fernsehen immer mehr Informationen über andere Kulturen an uns herangetragen werden.

Es gibt auch nicht wenige junge Eltern, die auf ausgedehnten Reisen durch die ganze Welt sich ihre Eindrücke aus erster Hand verschafft haben, und mancher hat sein Tragetuch direkt aus Mexiko bezogen. So habe ich einen jungen Vater auf der Straße angesprochen, der sein Baby im Tuch trug. Ich wollte wissen, woher er es hatte. Es sah anders aus als die bei uns erhältlichen, und vielleicht war es ein bißchen billiger? Billiger wird es wohl gewesen sein, aber schwer zu beschaffen, ein Freund hatte es ihm aus Peru mitgebracht.

«Die» Naturvölker binden sich ihre Kinder um. «Die» Naturvölker sind sowieso viel unverdorbener als wir, und wir holen uns ein Stück «Unverdorbenheit», wenn wir von ihnen lernen.

So stimmt es leider nicht.

«Die» Naturvölker? Fehlanzeige! Die Unterschiede zwischen dem einen Stamm und dem anderen, die vielleicht nur ein paar Fußstunden voneinander entfernt wohnen, sind unvergleichlich viel eindrucksvoller als etwa die Differenzen zwischen den Kaugummi kauenden amerikanischen GIs in Heidelberg und den Bierdosen leerenden Bundeswehrsoldaten im Intercity von Kiel nach Stuttgart. Und das gilt natürlich auch für die Art und Weise, wie die «Naturvölker» mit ihren Säuglingen umgehen; so toll wir manches finden mögen, manche der Praktiken, die in der Literatur beschrieben werden, kann man nur mit Schaudern betrachten.

Althergebrachte Riten und Gebräuche haben einen «rationalen» Kern und bewahren alte Erfahrungen auf. Das mag auch für die Säuglingspflegepraktiken zutreffen, von denen hier die Rede ist. Nur wird es uns oft unmöglich sein, zu verstehen oder nachzuvollziehen, welche oft sicher grauenvollen historischen Erfahrungen dadurch bewältigt wurden. Auch den Naturvölkern wird es ja nicht anders gegangen sein als unseren Vorfahren. Auch viele von ihnen haben sich in der Not vor ihren Kindern schützen müssen. Und manches davon mag uns heute wie Magie erscheinen.

Franz Renggli beschreibt in seinem Buch ‹Angst und Geborgenheit› (Renggli 1976) die Mutter-Kind-Beziehungen im ersten Lebensjahr bei einer Reihe von «Naturvölkern», um herauszufinden, in welchem Zusammenhang sie mit dem Verhaltensrepertoire und der Kultur der Erwachsenen stehen. Dabei befaßt er sich unter anderem mit den Ifaluk und den Trukesen, zwei Volksstämmen, die auf kleinen Südseeinseln leben. Beide sind Beispiele für «Naturvölker», die ihre Säuglinge nicht ständig mit sich herumtragen. Sie legen sie vielmehr auf den Boden oder in eine aufgehängte Wiege und nehmen sie nur zum Stillen oder Spielen heraus. Und diese beiden Volksstämme treiben recht seltsame Dinge mit ihren Babies.

Die Ifaluk beispielsweise glauben, daß das Kind nicht richtig wächst, wenn es zu lange ruhig liegt, und so beobachten sie das Kind ständig und bewegen ihm die Arme und Beine, wenn sie ihrer Meinung nach zu lange still gelegen haben. Außerdem glauben die Ifaluk, daß schon den Säuglingen der Wechsel von Frieren und Schwitzen guttue, und darum haben sie für ihre Kinder eine Art Sauna-Kultur entwickelt, wie wir sie – allerdings für etwas ältere Kinder und Erwachsene – aus den nordischen Ländern kennen: Die Ifaluk tauchen das Kind von seinem ersten Lebenstag an häufig in den kalten Ozean, um es dann dicht am Feuer kräftig schwitzen zu lassen.

Die Trukesenmütter ersparen den Kindern zwar solche Temperatur-Wechselbäder, sind aber in ihrem sonstigen Verhalten den Kindern gegenüber äußerst sprunghaft. Sobald das Baby irgend etwas genießt, z. B. Saugen, Gestreichelt-Werden oder In-der-Gegend-Herumschauen, fällt der Mutter irgend etwas anderes ein, und sie unterbricht das Kind bei seinem Genuß. Man hat beobachtet, daß eine Trukesenmutter ihr Kind innerhalb von drei Stunden 18mal gestillt hat!

Der Ausgangspunkt für meine Beschäftigung mit den Säuglings-pflegepraktiken in anderen Kulturen war ja meine Begeisterung für das Tragen, den Körperkontakt, das Körpergefühl gewesen. Nun mußte ich auch lernen, daß durch das Herumtragen allein den Kindern noch keine besonderen Entwicklungsmöglichkeiten erschlossen werden.

Nehmen wir zum Beispiel die Tepoztlaner in Mexiko. Die Babies in Tepoztlan werden auch den ganzen Tag herumgetragen. Dennoch sind die Tepoztlaner keineswegs so fröhliche Menschen wie die Yequana, durch die mich Jean Liedloff so begeistert hat. Mürrisch, mißtrauisch und depressiv gehen sie, immer allein, ihrer schweren Arbeit nach.

Allerdings ist auch einiges anders an dem Herumtragen, als wir uns das vorstellen.
– Erstens tragen die Mütter ihre Kinder nicht selbst,
– zweitens haben die Kinder auch keinen Hautkontakt, und sie dürfen auch nicht krabbeln, wenn sie mögen.

Sie werden – früher bis zu einem Jahr, heute etwa sechs Monate lang – eng in Tücher eingewickelt, so daß sie sich kaum regen können, in der zweiten Hälfte des ersten Lebensjahres wird die Wicklung gelockert, aber in diesem ganzen ersten Jahr werden die Babies von einem Kindermädchen immer in der Nähe der Mutter herumgetragen. Sobald das Kind schreit, wird es von der Mutter gestillt und dann dem Mädchen, einem Kind von etwa sieben bis neun Jahren, wieder auf den Rücken gebunden. Der Psychoanalytiker Franz Renggli sieht diese Art der Behandlung des Säuglings in ganz engem Zusammenhang mit der depressiven Grundstimmung der Tepoztlaner. Das erste Lebensjahr wird von der Psychoanalyse als «orale Phase» bezeichnet, und zwar deshalb, weil in dieser Zeit der entscheidende Kontakt zur Welt über den Mund, also «oral», läuft. In dieser Zeit zwar ständig in der Nähe der Mutter zu sein, sie aber nur selten zu erreichen und zudem noch weitgehend jeder eigenen Möglichkeit zur Aktivität beraubt zu sein, verhindert, daß sich Vertrauen in eigene Kraft und Fähigkeit, eine optimistische Grundstimmung für das Leben entwickeln können. Eine ständige Angst vor dem Verlassenwerden wird dadurch erzeugt, eine Angst, in der Tepoztlaner im übrigen bis zum Tode leben und die zu ihrer depressiven Grundstimmung hinzukommt.

Wo und wie die kulturelle Entwicklung eines Stammes wie der Tepoztlaner in Mexiko ihren Ursprung genommen hat, ist nicht oder nur sehr spekulativ nachzuvollziehen. Allerdings findet sich in dieser Kultur auch ein Aberglaube, der mit einiger Wahrscheinlichkeit als europäischer Import des 18. Jahrhunderts identifiziert werden kann. Die Tepoztlaner-Frauen glauben nämlich, daß das Kolostrum (das ist die Milch, die gleich nach der Geburt gebildet wird) für das Baby schädlich sei. Sie wird darum abgedrückt und weggegossen. Wahrscheinlich haben sie dies von den siegreichen Spaniern gelernt: Im Europa des 17. und 18. Jahrhunderts glaubte man dasselbe.

Inzwischen ist erwiesen, daß genau das Gegenteil richtig ist. Das Kolostrum ist besonders reich an Abwehrstoffen und hat abführende Wirkung, so daß das Kindspech besser ausgeschieden wird.

Soweit einige Beispiele dafür, daß wir bei einem Streifzug durch die Kulturen der «Naturvölker» nicht kritiklos einfach alles herrlich finden können.

Auch wenn für mich in meiner Umorientierung das Buch von Jean Liedhoff *Auf der Suche nach dem verlorenen Glück* den entscheidenden Anstoß gab: Es geht nicht darum, so einen «Naturvölker-Abklatsch» in die bundesrepublikanische Küche zu übertragen.

Nachdem ich Berichte wie die über die Ifaluk und die Trukesen gelesen hatte, war mir klargeworden, daß Jean Liedloffs Buch alles andere ist als eine präzise ethnologische Feldstudie über die Yequana-Indianer. Nichtsdestoweniger ist es packend, intelligent und schöpferisch und scheint für viele den Anstoß gegeben zu haben, mit ihrem Baby in engem Körperkontakt zu leben.

Aber was ist denn da nun tatsächlich so packend und mitreißend?

Zunächst hat Jean Liedloff in den Yequana-Indianern Menschen kennengelernt, die ganz offensichtlich einen ausgesprochen fröhlichen, ausgeglichenen Eindruck machen. Selbst in Stress-Situationen, z. B. bei Schwierigkeiten während der Expeditionen, bei denen sie als Begleiter und Träger dabei waren, oder bei Verletzungen und Krankheiten hat sie nie jemand wehklagen gehört – wehklagen in dem Sinne, daß jemand gleich sein gesamtes Schicksal bejammert, wenn er sich den Finger geklemmt hat.

Auch Arbeit wird von den Yequana nicht als Last empfunden. Sie haben nicht einmal ein Wort dafür. Wenn jemand keine Lust zum Arbeiten hat, wird er eher als krank bedauert und vollständig in Ruhe gelassen, bis er seiner Untätigkeit selbst überdrüssig wird.

Jean Liedloff interpretiert dieses Erscheinungsbild so, daß sich für den einzelnen Yequana die Welt einfach «richtig» anfühlt. Und der Grundstein für dieses Gefühl der Richtigkeit wurde im frühen Säuglingsalter gelegt. Und «richtig» sei für einen Säugling, wenn er ständig am Körper eines Erwachsenen, in erster Linie der Mutter, herumgetragen würde. Dann ist seine Welt in Ordnung, er vermißt nichts, es bleibt kein Bodensatz unerfüllter Wünsche in seiner persönlichen Entwicklung zurück.

Ihre These ist, daß ein Menschenbaby von seiner ganzen biologischen Ausstattung her erwartet, ständig herumgetragen zu werden. So, wie es mit Ohren auf die Welt kommt, weil es damit rechnet, außerhalb des Mutterleibs auf Schallwellen zu stoßen, so rechnet es auch mit Hautkontakt und ständiger passiver Bewegung. Wird diese Erwartung nicht erfüllt, können bestimmte körperliche und geistige Entwicklungen nicht vollständig und ungestört ablaufen, so wie das Ohr, das nie eine Schallwelle trifft, sich auch nicht richtig entwickeln würde. Das ist ihre zentrale These, aus der sie eine Menge weiterer interessanter Überlegungen ableitet, die ich hier aber beiseite lassen will.

Und wie sieht nun der Alltag einer Yequana-Mutter aus? Sie trägt das Baby ständig mit sich, und zwar nackt ohne jede Traghilfe. Dabei verrichtet sie ihre gewöhnlichen Arbeiten: Maniok reiben, Gartenarbeit, Wasser holen. Hier ist Jean Liedloffs Bericht leider etwas ungenau, denn es wäre durchaus interessant zu wissen, wie diese Tätigkeiten im einzelnen ausgeführt werden und ob der Mutter nicht vielleicht doch die eine oder andere unbequeme Arbeit von anderen abgenommen wird.

Aber eines scheinen die Yequana nicht zu tun: sich viel um die Kinder zu kümmern. Das klingt unseren europäischen Ohren wie ein Widerspruch: ständig herumtragen und dann nicht viel drum kümmern! Aber es ist tatsächlich so: die Yequana-Frauen beschäftigen sich nicht viel mit dem Kind. Es ist zwar immer dabei, selten aber Mittelpunkt der Aufmerksamkeit der Mutter.

Sobald es krabbeln kann, darf es auf dem Boden spielen, so viel und womit es will, auch in der Nähe von gefährlichen Löchern oder mit scharfen Messern. Und es passiert nichts. Man erwartet von dem Kind, daß es auf sich selbst aufpaßt, und offensichtlich tut es das auch. Es wird dann auch allmählich in die Spiele der älteren Kinder einbezogen, und wenn man dem Bericht glauben darf, ist es mit zwei bis drei Jahren so selbständig, daß es keine Eifersucht zeigt, wenn ein neues Geschwisterchen geboren wird.

Auch die weitere Erziehung ist nicht auf Belehrungen, Belohnungen und Strafen aufgebaut, sondern die Erwachsenen erwarten ganz einfach vom Kind soziales Verhalten. Unsere Vorstellung, daß ein Kind unter Schmerzen und Zwang seinen Egoismus aufgeben muß, scheint den Yequana fremd zu sein.

Diese Art der Erziehung (die ja eigentlich keine ist) einzuschätzen, dazu hilft einem vielleicht die psychologische Erkenntnis, die besagt, daß die unbewußten Erwartungen der Eltern an das Kind weitaus prägender sind als die offen geäußerten Erziehungsansprüche.

Die Yequana arbeiten viel in Gruppen, selten allein. Dabei scheint immer eine lockere, fast festliche Stimmung zu herrschen. Die Belagerung durch das Kind findet zwar statt, ganz körperlich sogar, die Mutter wird aber nicht aus ihren gewohnten Zusammenhängen gerissen. Sie ist nicht allein den Anforderungen des Babys ausgesetzt, sondern lebt weiter in ihrer Welt der Erwachsenen. Das Kind wird eher beiläufig behandelt – allerdings keineswegs vernachlässigt. Wenn die Mutter z. B. durch den Urwald geht, nimmt sie selbstverständlich an, daß es im Interesse des Kindes liegt, ihr zu folgen. Ermahnungen wie «Lauf bloß nicht weg!» gibt es nicht. Trotz dieser scheinbaren Gleichgültigkeit paßt sie ihr Tempo aber dem Schritt des Kindes an, und wenn der Weg durch den Wald noch so lange dauert.

Paradiesische Zustände?

Die Dogon. Oder: Kleine Unterschiede mit großen Wirkungen

Als meine Euphorie etwas abgeklungen war, habe ich mich auch etwas nüchterneren Büchern zugewandt. Jean Liedloffs Ausführungen über die Yequana sind ja doch schon sehr gefärbt durch ihre begeisterten Interpretationen.

Ich fand einen weiteren Bericht über ein Volk, bei dem die Säuglinge ständig herumgetragen werden: die Dogon in Westafrika. Paul Parin, Fritz Morgenthaler und Goldy Parin-Matthèy haben mit den Methoden der europäischen Psychoanalyse mit vielen Dogons Gespräche geführt, um deren psychische Struktur zu erforschen (Parin 1983).

Dabei kommt natürlich auch die Rede auf die Art, wie die Dogon-Mütter mit ihren Babies umgehen. Diese Kinder werden, wie die der Yequana, den ganzen Tag von ihrer Mutter herumgetragen, allerdings in einem Tuch auf dem Rücken. Dieses Tuch erlaubt es auch, sie weitaus länger zu tragen, als es vielleicht nötig wäre. Die Kinder lernen zwar das Laufen etwa um die Zeit, zu der auch unsere Kinder laufen lernen, aber selbständiges Aufsitzen lernen sie eigentlich nicht, da sie nie allein liegen. Bis zum Abstillen mit etwa zwei bis drei Jahren sind sie in ständigem Körperkontakt mit der Mutter oder anderen Frauen und fangen auch erst nach dem Abstillen an, mit Gegenständen zu spielen anstatt mit dem Körper der Mutter oder ihrem eigenen.

Das Abstillen geht äußerst abrupt vor sich. Von einem Tag auf den anderen bekommt das Kleinkind die Brust nicht mehr. Von nun an wird es auch nicht mehr von der Mutter auf dem Rücken getragen, sondern muß sich an den Geschwistern und der Gruppe der Gleichaltrigen orientieren. Es schläft auch nicht mehr bei der Mutter, sondern zusammen mit den Geschwistern in einem anderen Raum.

Dieser plötzliche Verlust der Mutter nach einer «verlängerten Säuglingszeit», wie es die Autoren nennen, zeigt natürlich seine Spuren bei den Erwachsenen. Da die Trennung von der Mutter in einem Alter erfolgt, in dem das Kind schon sehr gut in der Lage ist, sie als eine von ihm unterschiedene Person wahrzunehmen, bleibt eine sehr konkrete Angst zurück: die Angst, von der Mutter, später der Frau, verlassen zu werden. Für die Mädchen bedeutet das, daß sie, wohl durch Identifikation mit der Mutter, in ihrem späteren Leben viel mit dem Gedanken spielen, den Mann zu verlassen.

Bei anderen Kulturen, in denen diese Trennung früher stattfindet, erhält sich eher das Gefühl einer diffusen Angst oder Melancholie, das nicht mit konkreten Personen verknüpft ist. Andererseits betonen die Autoren, daß der lange Körperkontakt in der frühkindlichen Phase ein gutes Körpergefühl zu begründen scheint.

Die Dogon haben wohl kaum Angst vor Krankheiten. Das «Körper-Ich, die Grundlage des Selbstgefühls», ist stabil und nicht mehr leicht zu erschüttern (Parin 1983, S. 567).

In der weiteren Erziehung kommen die Dogon nicht mehr ganz ohne Zwang und Schläge aus. Geplante Strafen gibt es aber nicht, es kommt höchst selten vor, daß ein Erwachsener im Affekt einem Kind einen Klaps verpaßt.

Auch das paradiesische Fehlen von Eifersucht gegenüber jüngeren Geschwistern und das Fehlen eines Trotzalters, wie es bei den Yequana beschrieben wird, trifft auf die Dogon nicht zu.

Ob hier eine Rolle spielt, daß das Baby vielleicht tatsächlich zu lange an der Mutter «angebunden» bleibt? Die Yequana-Kinder fangen offensichtlich viel früher als die Dogon an, selbständig ihre materielle Umwelt zu erforschen, wohl einfach deshalb, weil schon ein Einjähriges nicht mehr so ohne weiteres ohne Traghilfe ständig herumgetragen werden kann. Die Orientierung von der Mutter weg setzt früher ein und wird stärker vom Kind mitbestimmt – möglicherweise die Voraussetzung dafür, daß die Trennung dann als weniger schmerzhaft empfunden wird.

Auch bei den Dogon gilt, daß die Mütter ihre Babies nicht als lästige Belagerer erleben. Im Gegenteil. Ein Kind auf dem Rücken gilt als Schmuck jeder Frau. Frauen, die gerade kein Kind haben, leihen sich sogar manchmal Säuglinge von ihren Freundinnen aus, wenn sie zum Markt oder zum Tanz gehen, weil erst ein Kind die Frau in ihrer Vollendung erscheinen läßt. Wer käme bei uns auf so eine Idee! (Parin 1983, S. 71–81)

Können wir von den «Naturvölkern» lernen?

Wir haben, wenn wir die Tepoztlaner einbeziehen, drei Beispiele von Völkern betrachtet, die ihre Säuglinge tatsächlich ständig mit sich herumtragen, also dem Bild der «Naturvölker» entsprechen, das bei uns weit verbreitet ist. Dabei ist eines ganz deutlich geworden, nämlich, daß Herumtragen nicht gleich Herumtragen ist. Dabei braucht man gar nicht nur an die großen Differenzen zwischen Tepoztlanern und Yequana zu denken, schon so feine Unterschiede wie der zwischen den Dogon und den Yequana, wer nämlich das Ende des Herumtragens bestimmt, die Mutter oder das Kind, haben offensichtlich weitreichende Folgen für das ganze Leben und sollten daher sehr wohl beachtet werden.

Man könnte sich unendlich in dieses Thema vergraben. Fragen über Fragen tauchen auf und nicht zuletzt Verwunderung darüber, welch verschiedene und teilweise grausam erscheinende Behandlungsweisen ein menschlicher Säugling ertragen kann.

Wer auf der Suche nach *dem* gültigen Konzept oder gar Rezept ist, wird enttäuscht sein – etwas absolut Gültiges zur Säuglingspflege läßt sich wohl auf der ganzen Welt nicht finden.

Warum dann überhaupt sich darum kümmern?

Ich habe durch diese Beschäftigung sehr viel gelernt, auch, mich und meine Probleme anders zu betrachten, besser zu verstehen.

Ein Blick auf eine halbnackte Afrikanerin mit dem Kind an der Brust führt uns die Schwierigkeit vor Augen, die wir mit unserer Bekleidung haben. Wie kann man ein so lockeres Verhältnis zu den Ausscheidungen seines Kindes entwickeln, wie es die Afrikanerin haben mag, wenn man nicht wie sie das Kind kurz von sich weg halten kann und dann vielleicht mit dem Fuß ein wenig Sand über das Häufchen schiebt? Bei uns bedeutete das Häufchen über Jahrhunderte: Wäsche, Arbeit. Zusätzliche, unangenehme Arbeit. Das schafft Aggressionen. Erst Wohlstand und Höschenwindel machen hier das lockere Verhältnis wieder möglich, aber auch das kostet seinen Preis, Geld, Müllberge, Umweltverschmutzung bei der Zellstoffproduktion.

Noch etwas anderes wird deutlich an dem Vergleich mit anderen Kulturen. Je stärker eine Kultur Bereiche entwickelt, in denen Kinder stören, um so erfindungsreicher ist sie darin, Techniken zu entwickeln, die das Kind fernab von der Mutter ruhigstellen. Diese Bereiche können entweder harte Arbeit sein wie bei den Tepoztlanern oder den ärmeren Schichten der europäischen Gesellschaften, aber auch gesteigerte intellektuelle und gesellschaftliche Ansprüche wie in den bessergestellten Schichten in Europa, die sich über Säugammen sogar vollständig ihrer Kleinkinder entledigen.

Ich habe eine Bekannte, die allein mit ihrem Kind lebt. Bei ihr bewundere ich immer wieder ihre unglaubliche Toleranz im Umgang mit ihrer Tochter. Sie verlangt viel Selbständigkeit von der Fünfjährigen, aber sie kann es auch unbegrenzt lange ertragen, sie um sich zu haben. Das erleichterte Aufstöhnen «Endlich ist sie im Bett!» gibt es bei ihr nicht.

Das war mir ein Rätsel, bis wir uns einmal über das Lesen unterhielten. Sie liest nicht. Fast nicht. Nicht einmal Zeitung. Wenn, dann höchstens mal ein Fachbuch über Bienen oder Brotbacken. Sie verbringt ihre freie Zeit mit Stricken, Holzarbeiten, Gartenarbeit, Kochen, Spinnen, Töpfern. Alles Tätigkeiten, die in einer Welt stattfinden, zu der auch das Kind Zugang hat.

Das scheint mir auch auf solche Völker zuzutreffen, die ihre Kinder offensichtlich nicht als «Belagerer» empfinden. Es gibt dort keine zweite, literarische, kulturelle Welt, an der man nur durch den Initiationsritus des Lesenlernens teilnehmen kann und die ihre eigenen Gesetze hat, die durch die Spontaneität der Kinder immer wieder gebrochen werden. Das gilt auch für die Art von Gesprächen, die wir Erwachsenen gerne führen, deren innere Struktur durch unsere literarische Kultur stark geprägt ist – auch wenn man dabei nicht gerade liest.

Und die Unterbrechungen der praktischen Arbeit werden in solchen Kulturen entweder dadurch aufgefangen, daß der junge Säugling durch Körperkontakt befriedigt wird wie bei den Yequana oder Dogon, oder die junge Mutter wird durch ihre Umgebung von allen

Arbeiten entlastet, die eine gewisse Stetigkeit erfordern – so bei den Trukesen (Renggli 1976, S. 203).

Franz Renggli stellt die interessante Hypothese auf, daß alle Hochkulturen ihre Säuglinge «abgelegt» (Renggli 1976, S. 243) haben. Das gilt für Indien, Japan, Rußland, Europa, auch für das alte Mesopotamien, Ägypten, die Azteken und die griechische und römische Antike.

Macht erst das Ablegen das Kind «kulturfähig»?

Oder erfordert die Kultur das Ablegen, weil die Kinder zu lästig sind?

Wie weit können wir uns den Yequana wieder annähern, ohne daß unsere Kinder unfähig werden zu unserer Kultur?

Wenn dies nicht nur eine für den Alltag letztlich unbedeutende philosophisch-akademische Frage bleiben soll, sehe ich zu ihrer Beantwortung nur einen Weg, nämlich den des liebevollen und verantwortungsbewußten Probierens. Dann aber wird dies eine Frage von höchster Bedeutung für unseren Alltag und für die Weiterentwicklung unserer Kultur.

Letzten Endes sind ja auch diese ganzen Berichte für uns überhaupt nicht nachprüfbar – ein kleines Detail, das vergessen wurde, und schon sieht die Geschichte ganz anders aus. Oder eben man probiert. Ich habe das getan, soweit ich konnte.

Und bei vielem kann ich sagen: es stimmt. Was bei den Yequana funktioniert, geht auch bei uns. Z. B. ist Lena nie aus dem Bett gefallen, obwohl sie in keinem Gitterbett lag. Auch die Treppe ist sie nur einmal hinuntergefallen. Aber nicht aus eigener Unachtsamkeit, sondern weil ich sie versehentlich gestoßen habe. Es war dunkel, und ich hatte nicht bemerkt, wie dicht sie schon hinter mir war. Ansonsten kam Lena seit dem Krabbelalter gut damit zurecht. Auch hat sich Lena – sie ist jetzt drei Jahre alt –, soweit ich mich erinnern kann, erst zweimal an einem Messer geschnitten, obwohl ich sie mit scharfen Küchenmessern hantieren lasse, seit sie etwas über zwei Jahre war. Und in keinem Fall war es schlimm. Das eine Mal war es auch kein Küchenmesser, sondern ein Plastikmesser, das ihr meine Mutter gegeben hatte, weil sie fürchtete, das Kind könnte sich schneiden!

Kapitel 4

Andere Frauen und ihre Erfahrungen
mit dem Baby am Körper

Ich denke: Mit großer Wahrscheinlichkeit wäre ich nicht auf die Idee gekommen, daß mein Rücken oder meine Hüfte ein besserer Platz sei für das Baby als sein Bettchen, wenn das nicht sozusagen «in der Luft» läge. Wenn wir nicht Zeugen und Teilnehmer einer Entwicklung wären, in der es offensichtlich darum geht, die körperliche Trennung von Eltern und Kindern zumindest ansatzweise aufzuheben. Es ist nicht mein Verdienst, daß ich das Glück hatte, meine Kinder zu einer Zeit zur Welt zu bringen, als hier und da Stimmen laut wurden, die die sinnliche und körperliche Komponente in der Beziehung zu einem Baby ins Bewußtsein riefen.

Ich sage, ich hatte das Glück – so empfinde ich es. Ob meine Kinder später davon genauso überzeugt sein werden, das sei dahingestellt. Aber zumindest schien Lena es als Glück zu empfinden, als für sie das ewige Rein-ins-Bettchen-raus-aus-dem-Bettchen aufhörte und sie einfach immer bei mir oder ihrem Vater sein konnte. Und da ich mich in diesem Punkt als Teil einer Strömung begreife, die die träge dahinfließenden Gewohnheiten langsam aufrührt, habe ich mich nach anderen umgesehen, die ebenfalls in diesen Wirbel hineingeraten sind, um meine Erfahrungen mit ihren zu vergleichen.

Ich habe viele Adressen gesammelt, zum Teil im Schneeballprinzip: Die eine Mutter mit Tragetuch kannte wieder eine, und diese wiederum hatte eine Bekannte, die eine Freundin ...

So habe ich zum Thema Inserate aufgegeben, viele Briefe geschrieben, noch mehr Briefe bekommen und zahlreiche Gespräche geführt.

Dabei habe ich natürlich in erster Linie die erreicht, die vom Körperkontakt mit ihrem Baby genauso überzeugt sind wie ich. Andere haben sich auf meine Anzeigen nicht gemeldet, bis auf eine einzige Ausnahme, obwohl ich auch nach negativen Erfahrungen gefragt hatte. Aber zumindest zeigen die vielen Zuschriften, daß ich wirklich nicht die einzige bin, für die die Überwindung des Ablegens, das Aufnehmen des Kindes die Lösung vieler Probleme brachte und das Zusammenleben mit dem Säugling – im Vergleich zur vorhergehenden Plage, schließlich ist auch so was relativ! – zu einem Genuß machte.

Die Gründe, weswegen Eltern in diesen Zug der Zeit einsteigen und anfangen, ihr Kind an den Körper zu nehmen, sind sehr vielfältiger Natur und hängen sicher stark von der Persönlichkeit der Betroffenen – Eltern wie Baby – ab.

Da gibt es solche, die schon vor der Geburt des Kindes durch *theoretische Überlegungen* überzeugt worden sind und sich den Körperkontakt regelrecht «vorgenommen» haben:

«Ich habe während der Schwangerschaft das Buch ‹*Auf der Suche nach dem verlorenen Glück*› gelesen, und es hat mich überzeugt. Ich habe Tjorven getragen, weil ich auf Grund des Buches überzeugt war, daß es eigentlich das Normalste ist, was ich machen kann. Bequem war es auch (bis auf die erste Woche, als ich noch keine Übung hatte), und Spaß hat es auch gemacht.

. . .

Einen Baby-Schock hatte ich nicht, im Gegenteil: die erste Zeit mit Tjorven, so das erste halbe Jahr, habe ich als wunderschöne Zeit empfunden. Ich war selten so glücklich.»

(Heidi R.)

Oder das *Bedürfnis ging von der Mutter aus*, ohne theoretische Untermauerung, aber wohl auch ohne energisches Fordern von seiten des Kindes:

«Das Bedürfnis, mein Kind zu tragen, war instinktiv da seit der Geburt.

Wenn mein Sohn wach war, habe ich ihn meistens getragen, z. B. beim Kochen, Tischdecken, Aufräumen, Musikhören, Lesen, bei Einkäufen, bei kurzen Spaziergängen, bei Museumsbesuchen usw. Er hat interessiert alles verfolgt und war sehr zufrieden. Es war mir ein Bedürfnis, Christian zu tragen, keine Anstrengung. Sein Verhalten bestätigte mir, daß es gut für ihn war, immer dabei zu sein. Es war ein zufriedenes und beglückendes Gefühl auf beiden Seiten. Es hätte mir widerstrebt, meinem Gefühl entgegenzuhandeln.»

(Christel K.)

In den meisten Fällen scheint es aber tatsächlich so zu sein, daß in dem Augenblick, in dem die Eltern die Signale des Babys ernst nehmen und bereit sind, Gewohntes über Bord zu werfen, die Kinder von selbst auf ständigen oder zumindest häufigen Körperkontakt drängen:

«Unsere Tochter ist knapp elf Monate alt. Wir haben sie sehr viel getragen und tun es auch heute noch. Es war uns nicht von Anfang an klar, daß wir sie so viel tragen werden, sondern eine Entwicklungssache. Wir haben uns auch Kinderwagen und -bett besorgt, aber mittlerweile wieder abgeschafft, weil wir sehr schnell gemerkt haben, daß sich Kind und meistens auch Eltern am wohlsten fühlen, wenn sie Körperkontakt haben – auch in der Nacht!

Wir sind durch Gespräche mit anderen Eltern und durch Beobachtung zu der Überzeugung gekommen, daß das Tragen von Babies und Kindern nur ein Bestandteil einer anderen Art ist, mit Kindern zu leben. Mit ‹andere Art› ist ein natürlicheres, ursprünglicheres Leben gemeint. Bemüht man sich, alle seine Sinne ‹offenzuhalten›, ist es nicht schwer, die Bedürfnisse seines Babys zu erkennen. Nimmt man diese Bedürfnisse ernst, dann sind Stillen, Tragen und Schlafen in einem Bett (Familienbett) selbstverständlich.»

(Monika und Frank G.)

Eine weitere Erfahrung, ähnlich wie die vorhergehende:

«Ich hatte mir schon während der Schwangerschaft vorgenommen, mein Kind nicht nur im Kinderwagen zu fahren, sondern auch am Körper zu tragen. Wenn ich mich recht erinnere, war ich dazu durch das Buch von Barbara Sichtermann ‹Leben mit einem Neugeborenen› angeregt worden. Aber daß sie so viel herumgetragen wurde, das hat unsere Tochter selbst durch ihr Verhalten bewirkt.

Es fing schon im Krankenhaus (*rooming-in*) an, daß sie, wenn sie nach dem Trinken in meinem Arm eingeschlafen war und ich sie in ihr Bett legte, wieder aufwachte und weinte, so daß ich sie wieder hochnahm. Dadurch behielt ich sie immer öfter und länger bei mir am Körper beziehungsweise neben mir im Bett. Als ich dann zu Hause war, ließ sie sich gar nicht mehr weglegen, sondern wachte dann immer wieder auf und weinte.

...

Nachts schlief ich mit ihr zusammen in meinem Bett ... Vielleicht waren Gründe für ihr starkes Verlangen nach Körperkontakt u. a.,

daß sie zweieinhalb Wochen vor Termin mit nur 2420 Gramm geboren wurde und bis zum Alter von drei Monaten oft Blähungen hatte.
Man weiß es ja leider nicht.

Ich hätte meine Tochter sicher nicht so viel herumgetragen, wenn
sie es nicht ‹erzwungen› hätte. Am Anfang, als ich sie Tag und Nacht
bei mir hatte, fühlte ich mich richtig erleichtert (im wahren Sinne
des Wortes), wenn mein Mann sie mal eine halbe Stunde nahm.
Aber ich fand es auch schön, wenn sie so an meinen Körper ge-
schmiegt schlafend dalag. Und als ich den Tragsitz hatte und mit ihr
einige Hausarbeiten erledigen konnte, fand ich das nicht sehr unbequem. Gut fand ich auch, daß ich immer wußte, wie es ihr ging; ich
konnte mir gar nicht richtig vorstellen, daß sie in einem anderen
Zimmer liegen könnte. Beim Spazierengehen fand ich es viel beque-
mer und praktischer als mit einem Kinderwagen.

Ich dachte auch, daß das Tragen gut für sie wäre und daß sie es, da
sie es ‹forderte›, auch brauchte.»

(Christiane M.)

Dieser «Zwang» von seiten des Babys und der «Zwang», den die
Umgebung auf die Mutter ausübt, nämlich die Notwendigkeit, ältere Kinder und einen größeren Haushalt zu versorgen, führen dann
notgedrungen zu der Kombination «Tragen + Arbeiten»:

«Unsere Tochter Lena ist gut fünf Wochen vor dem errechneten
Termin geboren. Sie hat drei Wochen in der Kinderklinik verbracht,
die ersten acht oder zehn Tage im Brutkasten. Ich selbst mußte mehrere Tage wegen einer Venenentzündung im Wochenbett fest liegen,
mein Mann konnte aus beruflichen Gründen und wegen unserer beiden älteren Kinder nur spät abends das Füttern und Wickeln in der
Kinderklinik übernehmen. Als wir Lena zu Hause hatten, verliefen
die beiden ersten Wochen ‹normal›, d. h., sie schlief nach den Mahlzeiten meist schnell wieder ein, auch im Kinderwagen auf dem Bal-
kon. Nachts schlief sie allerdings am besten bei einem von uns auf
dem Bauch.

Das änderte sich, als sie wacher wurde. Von da an reagierte sie
auf den Kinderwagen mit Geschrei, auch im Körbchen mochte sie
nicht liegen. Es war mir schon peinlich, draußen nur noch gefragt
zu werden, was denn das arme Kind hätte, daß es so schreien
müßte ...

Dann bekam ich einen Tragsitz geliehen (Easy Rider). Beim ersten Versuch meckerte sie noch so lange, bis alles richtig festge-
schnürt war, dann bohrte sie die Nase in meinen Ausschnitt – und

schlief zwei Stunden. Den Kinderwagen haben wir weggepackt: Lena wurde von nun an tagsüber getragen – außer beim Füttern und Wickeln. Notgedrungen machte ich mit ihr auch alle Hausarbeit, die anfiel ... Ich habe – mit ihr im Tragesack – gekocht, gebügelt, die Waschmaschine bedient, Wäsche aufgehängt, den Zweijährigen gewickelt und die größere Tochter auf der Toilette versorgt, meine und die Kinderzähne geputzt, Betten gemacht usw. Sie schlief auch bei viel Bewegung meinerseits (z. B. Betten ab- und beziehen). Es dauerte natürlich alles länger und war schon anstrengend für meinen Rücken und für meine Beine. Aber sie war ja ein leichtes – und vor allem ein absolut zufriedenes Baby. Sie schlief vor allem nachts in ihrem Körbchen durch, seit sie tagsüber getragen wurde, und ist bis heute in bezug auf das Schlafen bei weitem unser problemlosestes und auch sonst ausgeglichenstes Kind ...

Wir glauben, daß sie den fehlenden Körperkontakt aus der Neugeborenenzeit hat ‹nachholen› müssen, und wir sind froh, daß wir uns rechtzeitig umgestellt haben auf das Tragen. Die Anstrengung ist fast vergessen, und Lenas Stabilität und Ausgeglichenheit heute rechtfertigen sicher auch einen größeren Einsatz. Die Frage, ob das Tragen dem Rücken schaden könnte, trat bei uns angesichts der Verzweiflung des Kindes (‹Ich will nie wieder in so einen Kasten gelegt werden.›) völlig in den Hintergrund, und bisher sind keine Probleme aufgetreten.»

(Gudrun R.)

«Von Anfang an ‹gelang› es mir nicht – wie manchen anderen Müttern –, meine Kinder nach dem Füttern und Trockenlegen selig schlafend für zwei bis drei Stunden in ihr Bettchen zu legen. Meine Töchter ließen sich zwar, nachdem sie beim Flaschegeben oder Stillen eingeschlafen waren, in ihr Bettchen legen. Doch spätestens nach zehn bis zwanzig Minuten erwachten sie wieder, weinten und ließen sich erst beruhigen, wenn ich sie herausnahm und herumtrug. Da ich jedoch zu dem Zeitpunkt, als unsere erste Tochter geboren wurde, bereits eine Familie mit zwei heranwachsenden Söhnen, ein Haus und einen großen Garten zu versorgen hatte, konnte ich es mir rein zeitlich gar nicht erlauben, das Baby ständig nur zu tragen, ohne dabei irgendwelche Arbeiten zu verrichten. Deshalb kaufte ich mir kurz entschlossen einen Tragebeutel (Easy Rider), bei unserer zweiten Tochter ein Tragetuch, um beim Tragen die Hände frei zu haben für meine Arbeit. Meine erste Tochter trug ich zunächst nur umher, wenn sie wach war – jedenfalls in der ersten Zeit. War sie dann auf meinem Arm wieder eingeschlafen, legte ich sie zurück in ihr Bettchen. Doch schlief sie eben nie lange in ihrem Bettchen. Als ich bemerkte, daß sie auf meinem Arm beziehungsweise vor meinem Bauch viel länger schlief, trug ich sie daraufhin meist mit mir herum bei allen Tätigkeiten oder Gelegenheiten. Nur wenn sie wach war, legte ich sie mal zum Spielen auf eine Decke oder setzte sie in eine Babywippe. Jedoch immer in Blickkontakt zu mir. Allein im Zimmer ließ ich sie nie!

Meine zweite Tochter trug ich weit mehr mit mir herum, weil ich nicht wartete, bis sie ihr Unwohlsein ausdrückte, wenn sie sich nicht in körperlicher Nähe zu mir befand.

Beide Kinder haben auf das Umhertragen stets mit Wohlbefinden reagiert.»

(Juliane E.)

Welche Gründe auch immer dazu geführt haben, daß die Kinder eng am Körper von Mutter und Vater ihre Säuglingszeit verbringen durften – es scheint für alle Beteiligten befriedigend zu funktionieren.

Und vor allem: den Eltern bleibt offensichtlich das Gefühl der Unzulänglichkeit erspart.

In den Briefen, auch in anderen, hier nicht zitierten, klingt zwar hin und wieder an, daß das Tragen für die Erwachsenen anstrengend war, aber ich fand keine einzige Klage darüber, daß die Mutter sich dem Kind gegenüber *hilflos* gefühlt hätte. Selbst wenn die Babies im ersten Vierteljahr stark an Blähungen litten, was offensichtlich durch kein Zaubermittel aus der Welt zu schaffen ist, hatten die Eltern das ruhige Gefühl, alles in ihrer Macht Stehende getan und dem Kind seine Pein zumindest gelindert zu haben.

Der enge Körperkontakt erhöht das Gefühl der Kompetenz, die richtige Mutter und der richtige Vater für das Kind zu sein, und das trägt ganz ungemein zur allgemeinen Entspannung im Leben mit dem Neugeborenen bei.

Und die Kompetenz wächst ja tatsächlich. Nicht nur um den einen Punkt, daß man das Bedürfnis des Babys nach Körperkontakt sehr ausgiebig befriedigt, sondern auch all die anderen Signale, die Hunger, Müdigkeit, Freude, Schrecken, Neugierde, Staunen usw. ausdrücken, erreichen den Erwachsenen viel unmittelbarer als durch irgendwelche Schreie vom Bettchen aus, und er kann sie entsprechend differenzierter beantworten, verstärken, daran teilnehmen.

Der Teufelskreis «Schreiendes Baby – unsichere Mutter – noch mehr schreiendes Baby» kann so durchbrochen werden.

Ich erinnere mich noch genau, wie bei mir Unsicherheit und Verzweiflung praktisch von einem Tag auf den anderen wie weggeblasen waren, als ich von mir aus überzeugt war, das Richtige zu tun, wenn ich Lena bei der Arbeit mit mir herumtrug. Und dann wurde ich auch noch durch das Aufblühen des Kindes in dieser Annahme so voll bestätigt! Denn sie hatte uns zuvor zwei Monate lang durch abendliche Schreistunden in Atem gehalten, die uns schwer an die Nerven gingen.

Ich war so fertig, daß ich meinem Mann immer wieder vorjammerte, daß mich dieses Kind bestimmt aus irgendeinem verteufelten unbekannten, tiefenpsychologischen Grunde nicht mag. Dann wurde er ärgerlich, weil er genauso geschafft war und zu dem plärrenden Kind nicht auch noch eine plärrende Frau ertragen konnte – nur zu verständlich. Kurz, das Gefühl der Unzulänglichkeit hatte sich bis zum Gefühl des Abgelehntwerdens durch das Kind gesteigert.

Dabei war das Gebrüll auf nichts weiter als die berühmten Blähungen der ersten drei Monate zurückzuführen, die sich bis zu Koliken steigern können, und das Gebrüll hörte bezeichnenderweise auf, als ich begann, Lena tagsüber herumzutragen. Ob es am Herumtragen, an meiner wiedergewonnenen Sicherheit lag oder daran, daß es einfach keine Beschwerden mehr gab – ich weiß es nicht. Aber plötzlich stimmte alles wieder. Und dann wurde es so, wie Monika D. ihre Erfahrungen beschreibt:

«Wir haben zwei Kinder: einen sechsjährigen Sohn und eine zweijährige Tochter. Während wir damals unseren Florian – unwissend und mehr oder weniger unbedarft (dieses weiß ich heute) – wenig getragen haben und bei der Hausarbeit schon gar nicht (Tip aus einem Säuglingspflegekurs: Kind nicht verwöhnen!), haben wir Alenas Säuglingsleben anders gestaltet. Denn die Säuglingszeit mit Florian war anstrengend und nervenaufreibend, weil Kind und Eltern mit den von der Umwelt erwarteten Verhaltensregeln nicht fertig wurden und dementsprechend unzufrieden waren. Alena also hat es besser gehabt. Sie hing oft im ‹Easy Rider› an mir während der Hausarbeit und schlief fast regelmäßig beim Bettenmachen ein, obwohl (oder gerade weil?) die schaukelnden Bewegungen dann am heftigsten waren. War sie irgendwo, irgendwann unruhig und unzufrieden, legte ich sie auf meinen Bauch oder ihr Papa sie auf seinen, und sie war ruhig und entspannt. Es war ein friedvolles, entkrampftes, rundum schönes Zusammenleben mit einem Säugling.»

(Monika D.)

Kapitel 5

Ein Blick ins Tierreich.
Oder: Warum funktioniert Körperkontakt
als allgemeine Entspannung
im Leben mit dem Baby?

Man könnte sich ja mit der Erfahrung zufriedengeben, daß das Leben mit dem Säugling am Körper offenbar funktioniert, nichts Schlimmes dabei passiert und es einfach probieren, wenn man Lust dazu hat.

Klar, kann man machen!

Aber ich bin ein neugieriger Mensch und hatte Lust, der Sache auf den Grund zu gehen. Außerdem kann ich nicht achselzuckend über Einwände meiner lieben Mitmenschen hinweggehen, sondern ich möchte möglichst viele gute Gründe für mein Verhalten parat haben. Nach dem Warum zu fragen – diese Tugend oder Untugend habe ich seit meiner Kindheit nicht aufgegeben. Kurz und gut: die Frage, warum denn nun Mutter und Kind guttut, was so offensichtlich guttut, ließ mich nicht los, und so fing ich an zu lesen und zu suchen, zu bohren und zu fragen. Und da war für mich das Naheliegendste, mich mal bei unseren «Verwandten» umzusehen, den Primaten, den anderen Säugern und überhaupt: Wie ist das denn so mit dem Hautkontakt bei den anderen Lebewesen?

Streicheln, Lecken und Lausen als Lebenselixier

Daß die Menschen nicht seit Urzeiten mit dem Kinderwagen durch die Steppe gezogen sein können, läßt sich auch ohne tiefgründigere Geschichtskenntnisse als ziemlich sicher vermuten. Und wo anders als am Körper seiner Mutter hat wohl so ein Urmenschen-Baby die Tage seines Großwerdens verbringen können?

Zunächst einmal: Ich finde nichts dabei, mich selbst als Abkömmling irgendwelcher Höhlenmenschen, sagen wir jener von Alta Mira, zu betrachten. Schließlich nehme ich ja auch hin, daß ich ein Kind unserer Zivilisation bin, und beklage mich nur hin und wieder mal darüber. Aber ich denke, daß mein Körper zahllose Geheimnisse birgt, deren Wurzeln ganz sicher eher in der Evolution als in der Zivilisation zu suchen sind.

Darum halte ich es auch nicht für «ehrenrührig», mich bei den Tieren umzusehen, um vielleicht dem einen oder anderen Rätsel an mir selber auf die Spur zu kommen. Schließlich findet kein Mensch etwas dabei, wenn der Biologielehrer die menschliche Leber mit der eines beliebigen Säugetieres vergleicht. Und wenn man in menschlichem und tierischem Verhalten Parallelen sucht, um etwas zu verstehen, dann soll das unerlaubt sein? Ich denke: Solange wir nicht anfangen, aus solchen Beobachtungen Dogmen für unser eigenes Verhalten abzuleiten – so nach dem Motto: Weil die Graugänse monogam sind, müssen wir es auch sein! –, kann eine solche Betrachtungsweise uns nur helfen, manches an uns selber unvoreingenommen neu, differenzierter, genauer und damit menschlicher wahrzunehmen.

Fangen wir darum gleich bei den für viele Menschen unangenehmsten «Viechern», den Ratten, an. Da sie als sehr intelligent und gelehrig angesehen werden, wurden mit ihnen schon jede Menge Versuche gemacht – nicht nur Tierexperimente, wie sie der Pharmaindustrie angeblich von Nutzen sind, sondern auch Labor-Experimente, wie diese Tiere unter den verschiedensten Bedingungen reagieren.

So ist ein Forscher schon in den zwanziger Jahren auf ein erstaunliches Phänomen gestoßen. Er hatte untersuchen wollen, wie Ratten auf die Entfernung der Schilddrüse und Nebenschilddrüse reagieren. Zunächst war er davon ausgegangen, daß die Tiere unfehlbar daran sterben würden. Aber es kam anders – einige überlebten!

Wieso? Was konnte der Grund sein?

Es stellte sich heraus, daß die meisten der überlebenden Ratten einer Gruppe entstammten, die ein ganz angenehmes Leben im Labor hatte: sie waren häufig zärtlich angefaßt und gestreichelt worden. Die anderen, für die die Operation mit viel größerer Wahrscheinlichkeit tödlich ausging, hatten vorher keinerlei Kontakt zu Menschen, außer daß sie gefüttert und ihre Käfige gereinigt wurden. Von den gestreichelten Ratten überlebten 87% die Operation, von den nicht gestreichelten nur 21%! (Montagu 1982, S. 15–16)

Überhaupt waren die Forschungen mit Ratten, so beklagenswert diese Art von Umgang mit Lebewesen auch sein mag, für unser Thema sehr ergiebig. Zum Beispiel stärkt es das Immunsystem der kleinen Nager, wenn sie nach der Geburt häufiger in die Hand genommen und gestreichelt werden. Sie nehmen schneller an Gewicht zu als ungestreichelte Ratten, sind aktiver, weniger ängstlich, stärker belastbar z. B. durch Einsperren oder Nahrungsentzug, und ihre Nebennieren produzieren unter schwierigen Bedingungen weniger Stresshormone (Montagu 1982, S. 22, 26).

Andere Forscher erlebten das Umgekehrte. Ihre Versuchstiere starben, obwohl sie damit rechneten, daß sie am Leben bleiben würden. Warum? Weil sie nicht gestreichelt worden waren.

In den späten vierziger Jahren wollten Wissenschaftler Versuchstiere unter völlig keimfreien Bedingungen aufwachsen lassen und nahmen sie daher sofort nach der Geburt ihren Müttern weg – Ratten, Mäuse, Kaninchen. Aber die Jungen starben an Harnverhaltung und mangelnder Entleerung des Darmes. Erst als eine Tierpflegerin den Tip gab, die Tiere jedesmal nach dem Füttern mit einem Wattebausch am After und an den Genitalien zu streicheln, klappte das Geschäft (Montagu 1982, S. 18).

Hundehalter wissen das. Wenn die Hundemutter die Jungen gesäugt hat, leckt sie sie am Hinterteil und leckt das, was dadurch zutage gefördert wird, gleich mit auf.

In welcher Weise das Lebewesen den Hautkontakt erhält, scheint dabei gar nicht so wichtig. Wichtig ist, daß er überhaupt passiert. Wenn ein Minimum unterschritten wird, dann geht die Sache schlecht aus.

Der Psychoanalytiker René Spitz hat in einem Findelhaus die Entwicklung von 91 Kindern verfolgt, die nach dem dritten Lebensmonat von der Mutter getrennt und dort aufgenommen worden waren. Dabei stellte er fest, daß über ein Drittel von ihnen im ersten bzw. zweiten Jahr starb. Bei den übrigen war eine sehr deutliche Entwicklungsverzögerung festzustellen: Im Alter von vier Jahren konnten sie mit wenigen Ausnahmen weder sitzen, stehen, laufen noch sprechen.

Als Ursache dafür diagnostizierte Spitz (Spitz 1967, S. 290), daß die Kinder bei guter Hygiene und einwandfreier Ernährung praktisch ohne «Reizzufuhr» blieben, weil eine Schwester sich um acht der Kinder zu kümmern hatte. Diese lagen ständig in ihren Bettchen und waren daher folglich praktisch ohne jeglichen Hautkontakt. Sie konnten auch nicht selber miteinander in Berührung kommen, was offenbar auch für die Entwicklung der Kinder sehr förderlich ist, wie die Erfahrungen in Babygruppen (vgl. Doormann 1981) zeigen.

Was René Spitz da beschrieben hat, ist als «Hospitalismus» bekannt geworden. Die Folge seiner Untersuchungen war und ist, daß überall da, wo kleine Kinder institutionell betreut werden, heute darauf geachtet wird, daß sie ein Minimum an körperlicher Zuwendung, aber auch an sensorischen Reizen sowie ein paar gehörige Streicheleinheiten bekommen. Erzieherinnen in Krippen z. B. sind angehalten, «ihre» Kinder immer wieder aufzunehmen, mit ihnen zu reden und sie auch miteinander in Kontakt kommen zu lassen.

Wo das beachtet wird, gibt es auch keine so deutlich sichtbaren Hospitalismusschäden, wie das in dem Findelheim der Fall war, wo Spitz seine erschreckenden Beobachtungen machte.

Wer nicht gestreichelt wird, kann auch nicht lieben

Nicht nur scheint das Gestreicheltwerden für junge Lebewesen eine Art Lebensversicherung oder mehr noch eine Art Lebenselixier zu sein – auch das Streicheln und Berühren, das Lecken des eigenen Körpers ist offenbar ein ganz wichtiges Stimulans, ohne das mindestens bei mancher Art Lebewesen ganze – scheinbar angeborene – Pflege- und Kinderaufzuchtpraktiken nicht mehr nach dem vermeintlich genetisch festgelegten Plan funktionieren.

Eine sich putzende Katze ist ja geradezu zum Symbol der Behaglichkeit geworden. Dabei scheint auch dieses Lecken nicht nur der Reinlichkeit zu dienen. Das läßt mindestens folgendes Experiment vermuten: Man hat trächtigen Rattenweibchen Kragen umgelegt, die sie daran hinderten, sich am Unterleib zu lecken. Und was kam dabei heraus? Rabenmütter. Ihre Milchdrüsen waren bei der Geburt 50 Prozent weniger entwickelt als die der Kontrollgruppe. Sie bauten kein anständiges Nest, leckten das Fruchtwasser nicht auf, fraßen nicht die Nachgeburt und zogen sich zurück, wenn sich die Jungen ihnen näherten (Montagu 1982, S. 21).

Wenn wir das bedenken, so erscheint es mir leichtfertig, davon zu reden, daß Tiere eben angeborene Instinkte haben und Menschen dagegen alles lernen müssen. Was den angeblich angeborenen Instinkt bei Tieren angeht, ihr Neugeborenes zu lecken, habe ich im letzten Sommer eine interessante Beobachtung gemacht. In der Nacht hatten wir eine Kuh laut und anhaltend brüllen gehört, und am Morgen erzählte uns der Nachbarsjunge ganz aufgeregt, daß auf der Weide ganz in der Nähe ein Kälbchen geboren sei. Der Bauer hatte offenbar keine Zeit, es gleich zu holen, so daß es noch dort war, als ich gegen Mittag dazu kam, ihm mit den Kindern einen Besuch abzustatten. Da lag es im Gras, guckte etwas teilnahmslos um sich – und seine Mutter stand etwa zwanzig Meter entfernt mit dickkem, prallem, rotem Euter und mampfte vor sich hin, ohne das Kalb auch nur eines Blickes zu würdigen.

Ich mußte an unsere Schafe denken, die beide im Frühjahr ein Lämmchen geboren hatten, immerhin als Wiederkäuer und Paarhufer mit den Kühen verwandt. Ständig strichen sie um das Lämmchen herum, stupsten es mit der Nase, leckten es vorn und hinten (hinten vor allem, wenn es trank!) und schienen vor Stolz zu platzen, wenn wir uns ihnen näherten. Den Stolz mag ich in ihren Blick hineininterpretiert haben, aber die ständige körperliche Nähe war eine Tatsache. Und zwar ging das tage-, ja wochenlang so, und nicht nur ein paar Stunden.

Warum hat die Kuh sich so anders verhalten?

Es gibt eine einfache Erklärung, die mir schon früher einmal ein Bauer ganz nüchtern mitgeteilt hatte. Eine Kuh, die als Kälbchen von ihrer Mutter nicht geleckt worden ist, wird ihrerseits, wenn sie kalbt, nicht wissen, was sie zu tun hat. Und da die Kälbchen heutzutage den Kühen sofort weggenommen werden, damit sie nicht den unerhörten Anspruch entwickeln, gar am Euter ihrer Mutter trinken zu wollen, auf das doch die Molkereizentrale ein Monopol hat, gibt es praktisch keine Kuh mehr, die in der Lage wäre, angemessen und natürlich auf ihren Nachwuchs zu reagieren. Damit es nicht ganz auf die «Massage» verzichten muß, übernimmt der Bauer es, das Kälbchen mit einem Bündel Stroh abzureiben.

Etwas Ähnliches hat der Verhaltensforscher Harry Harlow an Rhesusaffen beobachtet – natürlich viel wissenschaftlicher als ich auf der Kuhweide.

Er hatte die Rhesusaffen-Babies an (künstlichen) «Ersatzmüttern» groß werden lassen. Dabei hatte er ihnen zwei verschiedene angeboten: ein kaltes Drahtgestell, an dem die Milchflasche befestigt war, und eines, das mit Frotteestoff überzogen war und durch eine Glühbirne von innen erwärmt wurde.

Die Affenbabies liebten durchaus nicht diejenige «Ersatzmutter» am meisten, bei der sie Nahrung fanden, sondern die, die warm und kuschelig war. Es zeigte sich, daß die Affen die «Milchmutter» nur zum Trinken aufsuchten, aber ihre sonstigen Kontaktbedürfnisse an der «Frotteemutter» stillten.

Außerdem fand Harlow heraus, daß Affenweibchen, die an Drahtgestellen groß geworden waren und so in ihrer Kindheit keine normale Mutter-Kind-Beziehung und auch keine Freundschaften mit gleichaltrigen Äffchen hatten, selber mit ihren eigenen Jungen mindestens zu Anfang nichts anfangen konnten. Sie ignorierten sie, oder sie mißhandelten sie sogar. Erst mit der Zeit machten sie offenbar durch ihr Junges so etwas wie eine «Nachsozialisation» durch, die dazu führte, daß sie bei ihrem zweiten Baby schon angemessenere Verhaltensweisen zeigten (Schmalohr 1968, S. 84–100).

Die wichtigen Stunden nach der Geburt

Die Qualitäten einer Mutter scheinen aber nicht nur von ihrer eigenen Vergangenheit, sondern auch von den konkreten Erfahrungen mit ihren Jungen – besonders in der allererersten Zeit direkt nach der Geburt – abzuhängen. Man hat bei verschiedenen Tierarten – Hühnern, Hunden, Schafen, Ziegen etc. – beobachtet, daß sie sich ihren Jungen gegenüber ganz hilflos verhielten, wenn diese ihnen nach der Geburt weggenommen worden waren, und sei es auch nur für ein paar Stunden. Sie brauchen offenbar die Anwesenheit des Jungen sowie das ausgiebige Lecken und Riechen, damit die artspezifischen Pflegeverhaltensmuster sozusagen real werden und sich im beobachtbaren Verhalten niederschlagen.

Im übrigen braucht man keine besondere Phantasie, um auf die Idee zu kommen, man könnte die zeitweilig ihrer Kinder beraubten Ziegen oder Schafe vielleicht mit Müttern vergleichen, denen ihr Kind kurz nach der Geburt in das Säuglingszimmer der Klinik entführt wird. Man benötigt heute gar nicht mehr den Schluß von den beobachteten Verhaltensweisen bei den Tieren auf ähnliche Erscheinungen beim Menschen. Es ist inzwischen durchaus klar, daß Frauen es viel schwerer haben, eine Beziehung zu ihrem Kind zu entwickeln, wenn ihnen das Kind gleich nach der Geburt weggenommen wurde oder wenn sie das Kind nach der Geburt gar nicht richtig wahrgenommen haben, weil sie so stark unter der Einwirkung von schmerzstillenden und beruhigenden Mitteln standen (vgl. dazu auch den Abschnitt «Bonding», S. 73 f, in diesem Buch).

Immer wieder führt unser Weg aus der Welt der anderen Lebewesen in unsere eigene zurück. Ob es sich um die Bedeutung des Hautkontakts für die Lebensfähigkeit überhaupt handelt – wo uns René Spitz lehrte, wie wichtig das für uns Menschenkinder ist – oder ob es sich um die Bedeutung wichtiger Phasen von besonderer Sensibilität wie der direkt nach der Geburt handelt. Auch der nächste «Blick in die Tierwelt» führt uns wieder zu unserer eigenen Art zurück, aber in diesem Fall doch mehr, um uns eine Besonderheit bewußt zu machen, die mit unserer nackten, haarlosen Existenz zusammenhängt.

Das Menschenkind: ein Tragling,
der sich nirgendwo festhalten kann

Bekanntlich – das hat jeder in der Schule gelernt – unterscheiden wir bei den Tierjungen «Nesthocker» und «Nestflüchter».

Nesthocker sind solche, die in einem sehr unreifen Zustand geboren werden, blind, nackt und unfähig, sich fortzubewegen. Das sind z. B. junge Hunde, junge Katzen, Kaninchen und Löwen. Die Tiermütter oder -eltern dieser Arten bauen alle an geschützter Stelle ein Nest, in dem die Jungen geboren werden, in der Regel gleich mehrere auf einmal, und wo sie die erste Zeit ihres Lebens verbringen. Die Mutter kommt zum Säugen und Lecken ins Nest und geht dann wieder auf Nahrungssuche. Die Jungen kuscheln sich im Nest aneinander und fühlen sich sicher. Nimmt man sie aus dem Nest heraus, fangen sie an zu klagen, sie piepsen, winseln, schreien. So kann die Mutter sie wiederfinden und ins Nest zurücktragen. Dabei faßt sie sie mit dem Maul im Nacken, und das Junge verfällt in die sogenannte «Tragstarre». Es streckt alle viere von sich und läßt sich willig tragen.

Die Nestflüchterjungen dagegen sind schon kurz nach der Geburt in der Lage, aufzustehen und hinter ihrer Mutter herzulaufen. Nestflüchter sind z. B. Herdentiere, bei denen eine Mutter nicht wochenlang an einen Nestplatz gebunden sein kann, während die Herde weiterzieht: Kühe, Schafe, Pferde, Rentiere, Antilopen, Elefanten. Die Anzahl der Jungen ist bei den Nestflüchtern kleiner, es ist meist nur ein Junges, seltener zwei oder drei. In den Genuß des Kuschelns mit den Geschwistern kommt so ein Nestflüchterjunges nicht, dafür erhält es mehr individuelle Zuwendung von der Mutter. Es fängt auch nicht an zu schreien, wenn es einen vertrauten Ort verlassen muß, sondern es bricht in Wehklagen aus, wenn es seine Mutter vermißt. Das haben wir und unsere Nachbarn hinlänglich genossen, als wir versuchten, unsere Lämmer zeitweilig von den Müttern zu trennen, um mehr Milch zu bekommen. Es war nicht zum Aushalten! Da half nur Verkaufen.

Wenn man nun den Menschen, der ja vom Körperbau her einiges mit den Säugetieren gemein hat, in eine dieser beiden Kategorien einreihen möchte, dann steht man etwas dumm da. Zwar wird ein Menschenjunges ziemlich unreif geboren, weit davon entfernt, sich wie ein Nestflüchter innerhalb von Stunden auf die Beine zu stellen und seiner Mutter hinterherzustaksen. Aber wenn man es in ein warmes Nest steckt, sprich Bett, und macht sich davon auf Nahrungssuche, dann ist die Reaktion eher mit der unserer Lämmchen zu vergleichen – es schreit. Und wenn man es im Nacken packen will und irgendwohin tragen, dann streckt es durchaus nicht geduldig alle viere von sich. Dieser Reflex ist auch nicht in Ansätzen vorhanden.

Dafür gibt es einen anderen: den Klammerreflex. Wer hat noch nicht einem Säugling den Finger in die offene Hand gelegt und es genossen, wenn sie sich warm, weich und doch sehr kräftig darum schloß? Meine Mutter erzählt, daß einer meiner Brüder ihr schon nach wenigen Lebenstagen einen Strauß aus Gänseblümchen zum Muttertag gebracht hat. Er ist Ende April geboren, und die Schwestern im Krankenhaus haben sich den Spaß gemacht, den Babies ein Blumensträußchen in die Hand zu drücken. Sie haben es treulich festgehalten. Nur freiwillig hergegeben haben sie es nicht so ohne weiteres.

Dieser Klammerreflex findet sich bei einer dritten Kategorie von Tierjungen, die uns aber kaum geläufig ist, weil es sie hier praktisch nicht gibt: dem Tragling. Die Traglinge verbringen die erste Zeit ihres Lebens am Körper ihrer Mutter. Sie klammern sich in ihrem Fell fest, wenngleich viele dabei in der ersten Zeit noch etwas Unterstützung brauchen. Es ist höchst selten, daß eine Traglingsmutter mehr als ein Junges bekommt.

Traglinge: das sind alle Arten von Affen, Beuteltiere und Fledermäuse.

Ein Traglingjunges schreit bei Verlust des Körperkontakts mit der Mutter, nicht erst bei Verlust des Sichtkontaktes wie ein Nest-flüchterjunges, aber Ortswechsel machen ihm nichts aus. In der Regel kann es sich selbständig an der Mutter festklammern. Im Laufe seiner Entwicklung bewegt es sich natürlich auch zunehmend von ihr weg, aber sobald Gefahr droht, sucht es sofort Schutz in den Armen der Mutter.

Gewiß ist ein Menschenbaby am ehesten den Traglingen zuzuordnen. Allerdings ist es nicht in der Lage, sich selbständig an der Mutter festzuhalten. Der Klammerreflex ist zwar noch sehr ausgeprägt, und in den ersten Monaten kann ein Kind sich festhalten! Aber die Füße können ohnehin nicht mehr greifen, und woran, bitte schön, sollte es sich auch festhalten? So lange, starke Zöpfe wie bei Rapunzel gibt es leider nur im Märchen, in der Realität hat der Mensch im Laufe seiner Entwicklung jede Menge Haare gelassen.

Aber wenn ein Menschenbaby diese Fähigkeit auch weitgehend verloren hat, so ist noch längst nicht gesagt, daß es andere Eigenschaften und Erwartungen, die mit seinem ehemaligen Dasein als Tragling zusammenhängen, ebenfalls ganz abgelegt hätte. Wie ein Affenbaby schreit es, wenn es den körperlichen Kontakt zur Mutter verliert. Es sucht auch bei Gefahr sofort ihre schützenden Arme. Es ist durch kein Geschaukel aus der Ruhe zu bringen – im Gegenteil, es genießt jede Art von passiver Bewegung und kann sogar dabei besonders gut schlafen. Ich weiß nicht, ob jemand mal den Versuch gemacht hat, klassische Nesthocker oder Nestflüchter so herumzu-schaukeln. Ob ihnen dabei übel wird?

Es gibt noch eine Eigenart, die vor allem die Menschenaffen, aber auch andere Affenarten, von anderen Tierarten unterscheidet. Sie lecken ihre neugeborenen Jungen nicht ab. Das ist auch bei keinem noch so urtümlichen Stamm von Menschen beobachtet worden. Dafür lausen sie sie um so hingebungsvoller. Und könnte es nicht sein, daß bei den Affen die notwendige Massagewirkung auf den Magen-Darm-Trakt des Neugeborenen durch die Körperbewegung der Mutter gewährleistet ist? Ein übriges tun dann das Lausen und das ständige Betätscheln durch die Mutter, wenn sie mal sitzt.

Da schweifen meine Gedanken zu den Drei-Monats-Koliken unseres Babys. Herumtragen, Streicheln und Bewegung . . .!

Wenn dieses Kapitel geholfen hat, den Blick dafür zu schärfen, daß körperliche Berührung, Streicheln und all diese schönen Dinge bei allen höher organisierten Lebewesen eine wichtige Bedeutung, eine lebenswichtige Bedeutung haben – und dies besonders auch in der Phase direkt nach der Geburt –, dann hat es seinen Zweck erreicht. Denn dann ist auch klar, daß die Wohltaten, die wir erleben, wenn wir unser Kind tragen, keineswegs Einbildung sind oder auf Ideologie beruhen, sondern aus lebendiger Erfahrung zu erklären sind.

Kapitel 6

Vom ersten «Kontakt» im Bauch
bis zum «Auf und davon»

Erfahrungen im Uterus

Während meiner ersten Schwangerschaft versetzte mich hin und
wieder eine seltsame Erscheinung in Unruhe. Es war ein merkwür-
diges rhythmisches Zucken des Babys in meinem Bauch, und zwar
spürte ich das vorwiegend auf der Seite, wo sein Rücken sein mußte.
Ich rätselte herum. Warum bloß zuckte das Kind so seltsam und
regelmäßig? Hatte es schon einen Tick, bevor es überhaupt geboren
war? Ich fragte die Hebamme, aber die meinte bloß, ich brauchte
mir keine Sorgen zu machen.

Das Kind wurde geboren, und es hatte in der Tat keinen Tick.
Aber eines Tages hielt ich es im Arm, und es wurde von einem ge-
waltigen Schluckauf geschüttelt. Das Gefühl kam mir doch äußerst
bekannt vor ...! Die Hebamme meinte wieder so ruhig wie zuvor,
ja, das würde es wohl gewesen sein. Das zweite Kind hatte auch
schon seinen Schluckauf im Bauch, aber nun wußte ich ja Bescheid.
Und das dritte scheint auch schon damit anzufangen.

Verblüffend fand ich an dieser Erfahrung, daß sich der Körper des
Babys auf meinem Arm gar nicht so anders anfühlte als das Baby in
meinem Bauch. Ich habe bloß das eine Mal meine Bauchdecke von
außen und das andere Mal meine Bauchdecke von innen als Empfänger benutzt. So anders dürfte es dem Baby mit seinen Körperge-
fühlen wohl auch nicht gehen. Der Gang der Mutter behält seine
Eigenart, ob es nun im Bauch mit dem Kopf nach unten oder auf
dem Arm mit dem Kopf nach oben getragen wird. Ihr Herzschlag
behält sein Tempo bei, ob er nun das Ohr des Kindes durch das
Fruchtwasser hindurch oder durch den Brustkorb hindurch erreicht.

Nun gehe ich hier so einfach davon aus, daß das Baby etwas kennt, Gang, Herzschlag, Stimme der Mutter. Um etwas zu kennen, muß man es zuvor wahrgenommen haben, und dann muß man sich an das Wahrgenommene auch erinnern.

Kann das ein Baby im Mutterleib eigentlich schon?

Lange Zeit hat man sich darüber keine Gedanken gemacht. Wie schon beschrieben, ging man davon aus, daß ein Baby erst vom Augenblick der Geburt an anfängt, Eindrücke zu speichern und Gewohnheiten zu bilden, und auf diesen Prozeß wollte man möglichst steuernd einwirken. Inzwischen haben sich die Wissenschaftler auch dieser Frage zugewandt und einiges herausgefunden, was viele Mütter schon immer wußten. Aber machen wir uns nicht lustig über die Wissenschaft – ich denke, es ist schon recht angenehm, die eine oder andere Annahme auch bewiesen zu finden.

Fangen wir an mit der Wahrnehmung. Man geht heute davon aus, daß ein Fötus etwa ab dem fünften Monat anfängt, seine Umgebung wahrzunehmen, und zwar über die Haut. Vorher reagiert er zwar auch irgendwie auf Reize, aber man kann noch nicht feststellen, über welches Organ sie aufgenommen werden. Auf jeden Fall verspürt der Fötus über seine Haut Druck, die Bewegungen des Fruchtwassers, Schmerz (z. B. den Pieks einer Injektionsnadel), auch Kälte und Wärme. Man hat, um das herauszufinden, kaltes Salzwasser in die Fruchtblase gespritzt und über Ultraschall die Reaktion beobachtet.

Schon bald darauf beginnt das Gleichgewichtsorgan im Ohr zu arbeiten, das sogenannte «vestibuläre System». Der Fötus kann also schon sehr früh seine ständigen Lageveränderungen spüren, die durch die Bewegung der Mutter hervorgerufen werden. Dieses Organ sitzt im Innenohr und ist letztlich dafür verantwortlich, daß wir beim aufrechten Gang die Balance halten können. Etwa zur gleichen Zeit beginnt das Kind auch zu hören, und seine Geschmacksnerven werden empfänglich für den Geschmack des Fruchtwassers. Erst zuletzt, etwa im siebten Monat, kann der Fötus auch seine Augen gebrauchen.

Diese Entwicklung hat durchaus eine gewisse Logik. Organe und Gliedmaßen des Kindes werden im Embryo erst angelegt und dann, sozusagen durch «Inbetriebnahme», fertig entwickelt. Gewisse Reize gehören dazu, um die volle Ausformung des Organs zu gewährleisten. So entwickelt sich das zuerst, wofür im Mutterleib schon stimulierende Reize bestehen. Die Haut wird stimuliert durch das Fruchtwasser, die Gebärmutterwand, auch Berührungen des

Fötus mit seinem eigenen Körper. Sein Gleichgewichtsorgan erfährt ständige Anregungen durch die Bewegungen der Mutter und auch durch Eigenbewegungen des Fötus. Immerhin schlagen die Kleinen schon eifrig Purzelbäume!

Und dann ist es wohl wesentlich lauter im Mutterleib, als es hell ist. Darum kann der Fötus auch eher mit seinen Ohren etwas anfangen als mit seinen Augen.

Das heißt aber noch nicht, daß alle diese Sinnesorgane bei der Geburt bereits fix und fertig wären. Sie brauchen weiterhin die Benutzung als Anregung, um sich dann vollständig auszubilden (vgl. Gross 1982, S. 37–45, und Verny 1981).

Woher kommt man aber auf die Idee, das Baby würde von alledem, was es im Mutterleib erfährt, etwas im Gedächtnis behalten? In erster Linie über Rückschlüsse, aber auch durch frappierende Geschichten, wie sie Thomas Verny beschreibt.

Zuerst mal zu den «schließenden Beweisen»: Wenn man z. B. annimmt, daß auf einen Menschen Reize, die er kennt, beruhigend wirken und ihn dagegen unbekannte Reize aufregen, dann kann man aus den Reaktionen eines Babys schließen, was es kennt und was für es neu, also bedrohlich ist.

Was ein Baby beruhigt, ist allgemein bekannt: Körperkontakt, also Wahrnehmung über die Haut, rhythmisches Wiegen, also Stimulierung des Gleichgewichtsorgans, Nuckeln und Schmecken an der Brust, also der Tast- und Geschmackssinn im Mund, der Herzschlag der Mutter, selbst wenn er nur vom Tonband abgespielt wird. Eher als aufregend empfindet es neuartige visuelle Reize, z. B. große Helligkeit, ebenso zu großen Lärm. Beides konnte es im Mutterleib ja nur gedämpft wahrnehmen.

Aber dann gibt es auch Geschichten wie die folgende:

«Eine Geschichte, die ich von Dr. G. Maier, einem deutschen Kollegen, hörte, kann das gut veranschaulichen. Ein sanfter, unsicherer Patient, den ich hier Fred nennen möchte, erinnerte sich eines Tages, als er unter Drogeneinfluß stand, an eine bestürzende Szene. Mitten während der Sitzung begann er einen geschlossenen Raum zu beschreiben. Er sagte, daß er sich dort schon einige Zeit aufgehalten und gut unterhalten habe, aber jetzt verändere sich die Stimmung im Raum. Leute umringten ihn und zeigten anklagend mit dem Finger auf ihn. Er wurde zornig und ängstlich und wußte nicht, was er tun sollte. Weder der Arzt noch der Patient konnten mit dieser seltsamen Geschichte etwas anfangen. Aber Freds Neugier war erwacht, und er erzählte einige Tage danach seiner Mutter

Jedes Kind ist anders …

… als andere Kinder, und keine noch so gründliche psychologische Untersuchung vermag für alle Eltern verbindliche Regeln aufzustellen, was wohl für *ihr* Kind das Beste sei. Einig sind sich allerdings alle, daß das Kind besonderer elterlicher Zuwendung und Nähe bedarf, solange es noch bei den Eltern lebt.

Später kann man dann nur hoffen, daß alles gut geht und den jungen Leuten nichts Böses widerfährt. Eines kann man allerdings nicht früh genug tun: Rechtzeitig dafür sorgen, daß die finanzielle Zukunft der Kinder gesichert ist.

davon. Das Geheimnis wurde damit gelüftet. Freds Erzählung war eine geringfügig – wirklich nur geringfügig – verzerrte pränatale Erinnerung. Die Szene war seiner Mutter zugestoßen, als sie mit ihm schwanger war, und der Zwischenfall war in jeder Beziehung so angsterregend und demütigend, wie Fred ihn erlebt hatte. Sie war bei einer Party in einem Zimmer voller Leute, als es zu einer verletzenden Auseinandersetzung kam. Als bekannt wurde, daß Freds Mutter ein uneheliches Kind erwartete, umringten einige ihrer ‹Freunde› sie und begannen, sie vor den anderen Gästen wegen ihrer ‹Unanständigkeit› zurechtzuweisen» (Verny 1981, S. 59).

Es gibt noch eine andere Quelle, aus der Geschichten über das intrauterine Leben fließen, die den Erinnerungen unter Hypnose sehr ähnlich ist: Träume. In der psychologischen Praxis kommt es häufig vor, daß Patienten ganz offensichtlich von ihrem Leben vor der Geburt träumen. So hat z. B. ein junger Mann geträumt, er säße in einer engen Hundehütte, gegen die von außen ein Pferd mit seinen Hufen so arg gegenknallte, daß ihm der ganze Leib weh tat. Es stellte sich heraus, daß seine Mutter gegen Ende der Schwangerschaft eine Treppe hinuntergefallen war und dabei wiederholt mit dem Bauch auf die Stufen aufgeschlagen war (Gross 1982, S. 60). Solche Träume, vor allem auch von der Geburtssituation, gibt es viele. Das Neugeborene ist kein unbeschriebenes Blatt.

Die Vorliebe fürs Schaukeln auf dem Arm der Mutter teilen wohl fast alle Säuglinge. Aber ihre Schlafgewohnheiten, ihr Appetit, die Heftigkeit ihrer Reaktionen, die Ansprechbarkeit für verschiedene Reize – das alles kann doch sehr unterschiedlich ausgeprägt sein. Möglicherweise sind diese individuellen Unterschiede genetisch bedingt, aber sie können auch auf Lebensweise und Gemütszustände der Mutter während der Schwangerschaft zurückzuführen sein. Werner Gross zählt in seinem Buch ‹Was erlebt ein Kind im Mutterleib› verschiedene Faktoren auf, die ein Baby schon vor der Geburt unter Druck setzen können. Angst, Depressionen, Ablehnung des Kindes, auch ablehnendes Verhalten der Umwelt der Mutter gegenüber können ihren Stoffwechsel so beeinflussen, daß das Kind in Mitleidenschaft gezogen wird, weil sich die hormonelle Zusammensetzung des Blutes ändert. Mir kommt es hier nicht darauf an, die Auswirkungen von jedem Milligramm Adrenalin zu beschreiben, das die Plazenta aus dem Blut der Mutter übernimmt. Ich will nur darauf hinweisen, daß die Gemütszustände der Mutter auch diesen Weg zum Ungeborenen nehmen können.

Es gibt aber auch noch Phänomene, die sich überhaupt nicht erklären lassen. So kommt es vor, daß ein Baby die Brust seiner Mutter ablehnt, weil die Mutter es ursprünglich nicht haben wollte. Hier den vermittelnden Stoffwechselprodukten auf die Spur kommen zu wollen, grenzt wohl an Größenwahn. Es bleibt uns nichts anderes übrig als zu akzeptieren, daß es noch etwas zwischen Mutter und Kind geben muß, was man mit dem schönen wissenschaftlichen Wort «empathische Kommunikation» bezeichnen kann, aber erklären kann man es nicht.

Auf jeden Fall werden wir wohl kaum noch hinter die Erkenntnis zurückgehen können, daß das Baby schon ein ganz schönes Stück Leben und Erfahrung hinter sich hat, wenn das passiert, was wir «auf die Welt kommen» nennen. Und auch hier wird keiner bestreiten, daß das Hauptorgan der Empfindung in dieser Lebensphase die Haut ist. Hautkontakt total und rundum. Die Quelle des ersten Lebensgefühls.

Der Mensch ist eine Frühgeburt

Da haben wir also nun das Baby, frisch geboren und geprägt von neun Monaten Leben in der Gebärmutter. Es wird noch einmal so lange brauchen, bis es sich krabbelnd von uns wegbewegen kann, und noch einmal drei Monate mehr, um aufrecht zu laufen.

Werfen wir noch einen Blick auf unsere nächsten Verwandten, die Menschenaffen. Bei denen sieht das ganz anders aus: ein Schimpansenbaby braucht, wenn es nach acht Monaten Tragzeit geboren wird, viel weniger Zeit als ein Menschenbaby, um laufen zu lernen und eine entsprechende Bewegungsbeherrschung zu erreichen. Die menschliche Schwangerschaft ist zwar einen Monat länger, aber relativ betrachtet – im Vergleich zu der Zeit, die das Baby für die nachgeburtliche Entwicklung braucht – kürzer. Aber verglichen mit anderen Traglingjungen ist das Menschenkind eine Frühgeburt. Wenn man bedenkt, daß der Mensch ungefähr doppelt so lange braucht wie ein Menschenaffe, um seine endgültige Größe zu erreichen, und auch doppelt so alt wird, kann man sich wirklich fragen, warum er nicht noch ein bißchen im Mutterleib aushält.

Nun, da ist als erstes der bemerkenswerte Umstand, daß der menschliche Fötus im Mutterleib erheblich schneller wächst als ein Affenfötus. Ein junger Gorilla z. B. wiegt bei der Geburt knapp 2000 g, sein Gehirnvolumen beträgt etwa 200 ccm. Ein Menschenbaby wiegt im Schnitt 3000 g und hat ein Gehirnvolumen von knapp 400 ccm. (Ein ausgewachsener Gorilla ist mindestens so groß wie ein Mensch.)

Die Menschenmutter hat sich also mit Schwangerschaft und Geburt weitaus mehr zu plagen als eine Affenmutter, ganz abgesehen davon, daß durch den aufrechten Gang und durch den gekippten und verengten Beckenausgang noch weitere Geburtserschwernisse entstehen.

Das Kind muß nach neun Monaten geboren werden, weil es sonst die Geburtswege nicht mehr passieren könnte.

Darum drängt sich einem die Frage auf: Müßte nicht die Zeit nach der Geburt dem Menschenkind noch Bedingungen gewähren, die denen im Mutterleib ähnlich sind, um die volle Ausreifung des Kindes möglich zu machen?

Nun, auch die Wissenschaftler sehen das so. Zum Beispiel spricht der berühmte Schweizer Zoologe Portmann vom «extrauterinen Frühjahr» (vgl. Portmann 1968). – Damit meint er dieses erste Lebensjahr des Kindes, das es außerhalb des Uterus, also «extrauterin», verbringt, bis es laufen kann. Beinahe, aber nicht genau das gleiche meint der Fachausdruck «Exterogestation» – im Gegensatz zur «Uterogestation».

Man setzt das Ende dieser «Exterogestation» etwa bei neun Monaten an, wenn das Kind ungefähr das Reifestadium erreicht hat, in dem ein kleines Äffchen geboren wird. Es ist das Stadium, in dem es den Zustand erreicht hat, daß es in einer (für einen richtigen ‹Tragling›) «angemessenen» Zeit laufen lernen kann.

Nun erhält sich der Mensch ohnehin einiges an Merkmalen, die man bei Tieren höchstens am Fötus oder Kleinkind beobachten kann: den großen Schädel, das flache Gesicht, die spärliche, flaumige Behaarung, den Spaß am Experimentieren und Spielen. Er bleibt sozusagen sein ganzes Leben lang ein Fötus, nie erreicht er die «Vollendung» eines Tieres, das auf eine bestimmte Lebensweise optimal eingestellt ist. Allerdings ist er auch niemals so festgelegt wie ein Tier.

Wie unentwickelt ein Baby geboren wird und welche ungeheuren Veränderungen es in den ersten Monaten mitmacht, zeigt am deutlichsten ein Blick auf die Entwicklung des Gehirns. Frederic Vester beschreibt in seinem Buch ‹Denken, Lernen, Vergessen›, wie die «Verdrahtung» der Nervenzellen im Gehirn vor sich geht (Vester 1978). Ganz grob gesagt, besteht das Gehirn aus Nervenzellen, die sich mit faserartigen Fortsätzen miteinander verknüpfen. Die Zahl dieser Zellen vermehrt sich nach der Geburt noch in gewissem Umfang. Was aber geradezu explosionsartig zunimmt, das sind die dazwischenliegenden Verknüpfungen. Und diese Verknüpfungen sind es, die die eigentliche Arbeit des Gehirns erst ermöglichen, weil sie Reize von einer Zelle zur anderen leiten.

Die Anzahl und Richtung dieser «Reizbrücken» hängen nun stark davon ab, welchen Eindrücken ein Neugeborenes ausgesetzt ist. Auch hier mußten wieder Ratten herhalten, um das Wissen des Menschen zu erweitern. Man hat neugeborenen, noch blinden Ratten über die Zeit hinaus, in der sie eigentlich die Augen öffnen, diese verbunden. Ergebnis? Die Ratten blieben blind. In der entscheidenden Zeit, in der natürlicherweise diese Entwicklung vor sich geht, fehlten den Ratten die Reize, die die entsprechenden Wege zum Gehirn bahnen. Und das war zu einem späteren Zeitpunkt nicht mehr nachzuholen.

Das Gehirn verarbeitet nur solche Wahrnehmungen, für die es im Laufe seines Wachstums «Empfänger» geschaffen hat, und Empfänger schafft es logischerweise nur für Signale, die es auch erhält. Dieser Prozeß ist im wesentlichen bei einem Dreijährigen abgeschlossen, aber den halben Weg, wenn nicht mehr, hat das Kind mit drei Monaten hinter sich!

Nun ist es allerdings auch nicht ganz richtig anzunehmen, daß es pro Reiz nur eine einzige Nervenbahn im Gehirn gibt. So erklärte mir ein Arzt, daß Stimulationen des Gleichgewichtssinns nicht nur das Balancieren üben, sondern die Impulse, die dadurch gegeben werden, setzen sich bis in die Großhirnrinde fort, wo unsere intellektuellen und bewußtseinsmäßigen Informationen verarbeitet werden. So ähnlich dürfte es auch mit Reizen anderer Art sein. Sie werden zwar vorwiegend an einem bestimmten Ort gespeichert, stehen aber durchaus in Verbindung mit anderen Teilen des Gehirns und beeinflussen diese auch.

Eine solche verblüffende Verbindung scheint zwischen dem vestibulären System (Gleichgewichtssinn) und dem Sprachzentrum zu bestehen. Man behandelt z. B. schwer sprachgestörte Kinder mit großen Schaukeln und Wiegen – und allein das bringt Fortschritte in ihrem sprachlichen Ausdrucksvermögen!

Das verweist auf eine Bedingung, die ein «externer Uterus» erfüllen muß – Bewegung.

Säuglinge werden bei uns zwischen den Mahlzeiten ins Bett gelegt in der Annahme, viel Ruhe zum Schlafen täte ihnen gut. So wird aus der schaukelnden Bewegung des Mutterleibs ziemlich plötzlich eine starre Welt, die sich auch obendrein noch ganz anders anfühlt. Trockene Wäsche statt warmem Fruchtwasser, eine feste, ebene Unterlage, auf der man seinen Rücken ganz gerade machen muß, statt einer weichen, runden Höhle.

Und es fehlen auch die rhythmischen Geräusche, die sein Dasein bisher begleiteten, das Rauschen des Atems, das Gluckern der Gedärme, das Pochen des Herzens. Wenn wir die Annahme aufrechterhalten, daß alles Unbekannte die Möglichkeit in sich trägt, angsterregend zu wirken, dann muß man auch das noch so liebevoll ausgestattete Babykörbchen diesen potentiellen Monstern zurechnen. Es ist leider kein guter «externer Uterus» – so leid das mancher Mutter tun mag, deren Blicke schon Wochen vor der Geburt zärtlich auf dem bereitstehenden Stubenwagen geruht haben mögen.

Wenn die Tatsache der Frühgeburt des Menschen Folgen hat, dann doch vor allem wohl die: Wir sollten und müssen versuchen, jene Bedingungen an Reizen und Anregungen für das Kind zu schaffen, die es als eine Art Fortsetzung und natürlich auch Erweiterung und Bereicherung seiner bisherigen Erfahrungen im Mutterleib erleben kann.

Und wenn wir das tun, dann ist das durchaus eine Verhaltensweise, die sich auch durch Vergleiche etwa mit dem Verhalten unserer tierischen «Verwandten» argumentativ unterstützen läßt. In einem späteren Abschnitt will ich versuchen zu beschreiben, wie ich mir das Erleben des Kindes von diesem Hintergrund aus vorstelle, wenn es denn im ersten Lebensjahr viel herumgetragen wird. Doch vorher möchte ich zum besseren Verständnis des Folgenden skizzieren, welche Entwicklungsphasen das Kind in diesem Lebensabschnitt durchmacht.

Das Bonding

Sehen wir uns ein Neugeborenes an. Ist das wirklich nur ein unfertiger Körper, der durch gewisse Stimulierungen zur Vollendung gebracht werden soll? Ist es nicht vielmehr ein kleiner Mensch, der die Aufgabe vor sich hat, sich selbst als Individuum zu begreifen und in Kommunikation mit anderen Individuen zu treten?

Die Kommunikation beginnt, wie wir gesehen haben, schon im Mutterleib und findet einen ersten Höhepunkt unmittelbar nach der Geburt. Wenn Kind und Mutter nicht durch Medikamente betäubt sind, sind beide zu diesem Zeitpunkt außerordentlich wach und aufnahmebereit.

Vor einiger Zeit habe ich den Film ‹Der sanfte Weg ans Licht›* gesehen. Er handelt von den ersten zehn Minuten nach der Geburt. Er vermittelt einen kaum glaublichen Eindruck davon, was sich an Kommunikation zwischen Mutter und Kind da abspielt oder zumindest abspielen kann. Alle Zuschauer des Films waren hernach davon überzeugt, das Neugeborene habe der Mutter ins Gesicht geschaut, obwohl man doch im allgemeinen davon ausgeht, daß ein Baby kurz nach der Geburt noch gar nicht richtig sieht. Die Mutter streichelte das Kind ununterbrochen mit der ganzen Hand und redete beruhigend auf es ein, lächelte es an und sah zwischendurch immer wieder glücklich auf ihren Mann. Das Baby arbeitete sich förmlich auf ihren Oberkörper, ihre Brust, ihr Gesicht hin, mit weit offenen Augen, und wandte sein Gesicht ihr immer wieder zu. Es schrie auch nicht, sondern gab nur hin und wieder ein Tönchen von sich.

Auch von meinen Geburten weiß ich, welch unauslöschlichen Eindruck dieser neue kleine Mensch jedesmal auf mich machte. Es war nicht nur irgendein niedliches Baby, das da auf meinem Bauch lag. Es war ein intensives Gefühl von «der und kein anderer». Es war gar nichts Babyhaftes an dem Kind, sondern da war plötzlich eine Person in den Raum getreten, die wir vorher noch nicht kannten.

Jan hatte ich quer über den Oberschenkel gelegt bekommen, mit dem Kopf nach unten – etwas, womit ich nicht im mindesten gerechnet hatte. Ich konnte ihn mit meinen Händen kaum erreichen. Ich streichelte ihn zwar, aber er war so weit weg! So ist meine erste ganz deutliche Erinnerung an ihn, als ich ihn angezogen in den Arm gelegt bekam – und seine Nasenlöcher bestaunte.

An Lenas «Urauftritt» erinnere ich mich mit meinen Händen. Sie lag richtig auf meinem Bauch, und ich konnte sie wunderbar anfassen. Aber auch das war nicht ungestört. Die Hebamme hatte es eilig, die Babies kamen wie am Fließband an dem Morgen. So wurde Lena bald ins Badewasser gesteckt, wenngleich ich sie danach noch einmal nackt auf den Bauch gelegt bekam. Aber wie! All die schöne Käseschmiere war ab, beim Streicheln rieb ich ihr die Haut, statt daß meine Hand weich über sie gleiten konnte. Ich fand es gräßlich.

---

* Dieser Film ist auszuleihen bei der Filmproduktion Helge Max Jahnf, Knöbelstraße 32, 8000 München 22, Telefon 089/29 42 97.

Ich war in dem Augenblick auch nicht geistesgegenwärtig genug, ein paar Tropfen Öl auf meine Hand zu erbitten. Das Streicheln fand also sein Ende, das Kind wurde angezogen.

Im Grunde Lappalien, ob das Kind nun auf dem Oberschenkel liegt oder das bißchen Käseschmiere abgewaschen ist – aber doch Ereignisse, die in meinem Bewußtsein ein viel stärkeres Gefühl der Enttäuschung zurückgelassen haben als manch andere, scheinbar dramatischere Situation.

Was war geschehen? Ein Kommunikationskanal zwischen dem Kind und mir war verstopft. Meine Hände konnten es nicht erreichen bzw. der buchstäblich «reibungslose» Kontakt war behindert. An das, was ich mit dem Kind geredet habe, kann ich mich gar nicht erinnern. Meine Sätze kamen wohl nur im Schlepptau der Streichelbewegungen, ich empfand sie als absolut zweitrangig. Ich wollte das Kind bloß anfassen. Und daran riechen! Auch daran erinnere ich mich lebhafter als an alles, was ich zu ihm gesagt habe – an meine Nase an seinem Hals.

Für dieses Sich-Befühlen und Sich-Beschnuppern steht das Wort Bonding. Was sich da ereignet, entspricht in gewisser Weise dem Prozeß der Prägung bei den Tieren, von dem schon die Rede war, wenngleich beim Menschen diese Phase zeitlich nicht so eng begrenzt ist. Aber auch bei Menschen hat man festgestellt, daß Mütter, die nach der Geburt ausgiebig Gelegenheit hatten, sich mit ihrem Kind zu beschäftigen, wesentlich schneller ein inniges Verhältnis zu ihm entwickelten als Mütter, die von ihren Kindern getrennt wurden.

Wir haben Bekannte, deren zweijähriger Sohn ein ausgesprochenes «Papa-Kind» ist. So etwas soll ja vorkommen, ich habe mir anfangs nichts weiter dabei gedacht. Bis ich unter den Briefen, die ich für dieses Buch gesammelt habe, einen fand, der dasselbe Phänomen beschrieb. Beide Kinder sind durch Kaiserschnitt entbunden, unter Vollnarkose der Mutter. Der Vater hat das Baby in den ersten Stunden auf dem Arm herumgetragen, bis die Mutter aus der Narkose erwachte. Zufall? Oder hat das Kind in diesen ersten Stunden sich so mit dem Vater vollgesogen, daß er im Gefühlsleben des Kindes diese beherrschende Stellung einnehmen konnte?

Die intentionale Phase (das erste Quartal)

Auch wenn eine intensive Kontaktaufnahme direkt nach der Geburt möglich war, kann man doch nicht behaupten, das Kind hätte nun schon eine Vorstellung von den Personen gewonnen, die es in Zukunft umgeben werden.

Entscheidend bestimmt ist die Situation des Neugeborenen vielmehr durch die plötzliche Veränderung seiner Welt. Es hat eine wahnsinnig anstrengende und sicher auch schmerzhafte Prozedur, die Geburt, über sich ergehen lassen müssen. Und es gibt plötzlich eine Menge Bedrohliches – Geräusche, lautes Licht, unangenehme Empfindungen an der Haut. Aber auch Hunger und Schmerz erlebt das Kind zunächst als etwas Fremdes. Das alles verliert am ehesten seine Bedrohlichkeit, wenn man sich an das halten kann, was einem früher so gutgetan hat, an die alten Geräusche, die Wärme – eben alles, was sich so ähnlich anfühlt wie die ursprüngliche Behausung. Und die Mutter von außen ist wohl immer noch das, was der Mutter von innen am ähnlichsten ist. Aber daß das eine von ihm getrennte Person ist, die diese Gefühle vermittelt, das weiß das Baby noch nicht. Es weiß ja nicht einmal, daß es selbst Grenzen hat, die es von der Umwelt trennen, daß es ein Innen und Außen gibt. Das ist das erste, was das Kind lernt: zwischen sich und dieser bedrohlichen Umwelt zu unterscheiden. Und wie es das lernt, ist für das spätere Leben von größter Bedeutung.

Für das Neugeborene ist entweder alles in Ordnung, es herrscht allseitiges Wohlgefühl, oder es ist nicht alles in Ordnung, dann wird gebrüllt. Kommt jemand herbei und beseitigt die Störung – sei's ein schmerzender Hungerbauch oder auch einfach nur die beängstigende Leere im stillen Schlafzimmer –, ist die Ordnung wieder hergestellt und das Leben wieder schön. Dankbarkeit braucht man niemandem zu zeigen, es hat ja nicht «jemand» etwas getan, sondern ein mißlicher Zustand hat sich zum Besseren gekehrt. Erst allmählich lernt das Kind in dieser Phase, die die «intentionale Phase» genannt wird, daß diese Wendungen zum Besseren meist von einer bestimmten Person ausgehen.

Umgekehrt registriert es auch nicht, daß es vielleicht der Bequemlichkeit oder der pädagogischen Absicht dieser Person zuzuschreiben ist, wenn es einmal über längere Zeit schreien muß. Alles, was es dann spürt, ist, daß das Leben verdammt saumäßig ist, und dieses Gefühl hinterläßt seine Spuren. Aber darum ist es noch längst nicht seiner Mutter böse.

Diese erste Phase in der Beziehung des Kindes zu seiner Umwelt nennt man – wie gesagt – die «intentionale Phase». In dieser Phase macht das Kind keine Unterschiede zwischen seiner Mutter und anderen Personen. Zumindest sind diese Unterschiede schwer zu beobachten. Denn wenn tatsächlich schon während der Bonding-Phase eine spezifische Bindung zwischen Mutter und Kind hergestellt wird, was wohl kaum zu bezweifeln ist, kann es ja nicht sein, daß diese in den folgenden drei Monaten ganz ohne Bedeutung ist. Aber es scheint dem Kind hauptsächlich wichtig zu sein, daß seine Welt in Ordnung ist. Wer sie in Ordnung bringt, ist nebensächlich.

Die Kanäle, die dem Kind «alles okay» signalisieren, sind nicht besonders zahlreich. Einem älteren Kind mag es genügen, wenn es in einiger Entfernung die Mutter sieht. Für das Neugeborene ist aber die Mutter total abwesend, wenn sie nur einen Meter neben ihm steht. Das Hören klappt schon besser, Singen und Reden nimmt es auch auf eine gewisse Entfernung noch wahr. Aber wenn die Unzufriedenheit mit der Welt aus dem Körper des Babys kommt, sei es nun Bauchweh oder einfach allgemeine Spannungszustände, dann hilft das Lauschen auf ein Wiegenliedchen nicht mehr. Am hilfreichsten ist dem Baby die Nähe eines Erwachsenen, wenn es ihn mit seinem ganzen kleinen Körper spüren kann.

Der schon zitierte Franz Renggli schreibt hierzu: «Die Empfindung von Körperkontakt beruhigt ein Kind optimal. So schlägt beispielsweise sein Herz langsamer, es ist allgemein ruhiger, es kann auch schreckloser schlafen, und seine Schmerzempfindungen sind ganz erheblich gesenkt usf. Ja, es darf sogar vermutet werden, daß nur die Empfindung von Körpernähe vom Kind als Kontakt erlebt wird ...

Ein wirkliches oder echtes Gefühl von Geborgenheit und Urvertrauen kann das Kind somit nur erfahren in dem Maße, wie es die Situation von Körperkontakt empfinden darf. Oder präziser ausgedrückt: In der ersten Zeit nach der Geburt braucht ein Kind die gesamten neuartigen und somit befremdlichen Umweltreize nicht als bedrohlich und unheimlich zu erleben, wenn es sich in Körperkontakt mit der Mutter befindet! ...

Nun stellt die intentionale Phase wohl den wichtigsten Entwicklungsschritt innerhalb eines gesamten Menschenlebens dar: Das Kind gibt seine ursprünglichen Isolierungs- und Ablehnungstendenzen der Umwelt gegenüber langsam und allmählich auf und wendet sich eben dieser Umwelt zu, und das heißt auch seinem eigenen Körper. Und es wendet sich all diesen ursprünglich fremdartigen Reizempfindungen nicht nur zu, sondern verfolgt sie mit einer immer größeren Aufmerksamkeit und einem immer intensiver werdenden Interesse. Die ursprünglichen Fremdheitsgefühle werden somit im Laufe der intentionalen Phase immer stärker durch Bekanntheitsgrad ersetzt. Dieser Entwicklungsschritt zum Bekanntheitsgefühl aber kann vom Kind nur dann mit Vertrauen vollzogen werden, wenn sein Kontaktbedürfnis adäquat beantwortet wird: Je mehr Körperkontakt es erleben darf, desto mehr kann sich in ihm ein Geborgenheitsgefühl entwickeln und desto vertrauender wendet es sich der gesamten Umwelt zu. Oder negativ ausgedrückt: Je weniger Körperkontakt einem Kind gewährt wird, desto unheimlicher sind ihm alle neuartigen Reize und Empfindungen, und mit einem desto größeren Mißtrauen wendet es sich der Umwelt zu» (Renggli 1976, S. 87/88).

Die orale Phase (das zweite bis vierte Quartal)

In diesem diffusen Erleben von Wohlgefühl oder Schrecken dämmert dem Baby also langsam die «Erkenntnis», daß es ein Innen und ein Außen gibt. Und es beginnt nun etwa ab dem dritten Monat, dieses Außen mit immer größerer Faszination zu erkunden – vorausgesetzt, daß es in der ersten Lebensperiode Lust dazu gelernt hat und die Umwelt nicht als etwas überaus Schreckliches erleben mußte, wofür es keine Tröstung gibt. Anders ausgedrückt: das Erkunden ist nur dann zu beobachten, wenn das Kind Vertrauen und nicht Mißtrauen gegenüber der Umwelt lernen konnte. «Umwelt» – das ist zu dem Zeitpunkt der eigene Fuß ebensogut wie der Finger der Mutter usw.

Renggli: «Aber das Kind untersucht nicht nur seinen eigenen Körper von den Händen bis zu den Füßen, sondern in Wechselwirkung betastet es immer auch seine nähere Umgebung, so die Wände seines Bettes und natürlich auch das Gesicht und den Körper seiner Pflegeperson.

Damit lernt es allmählich zu unterscheiden zwischen Körper und Nicht-Körper oder zwischen eigenem Körper und Umwelt» (Renggli 1976, S. 88).

Und da entdeckt es zuerst die Mutter. Dieses eine Gesicht taucht immer dann auf, wenn sich auch die Brust nähert oder einfach der große, warme, bekannte Körper, an dem sich so gemütlich kuscheln läßt. Darum kann man sich ja auch schon mal ein bißchen freuen, wenn man nur das Gesicht sieht, der Rest kommt sicher auch gleich! Und die Mutter freut sich darüber, immer öfter von ihrem Kind angelächelt zu werden.

Der Entdeckungen sind viele, und sie sind spannend!

Da gibt es dieses Gesicht, an dem die Brust dranhängt. Das schmerzhafte Kneifen im Bauch verschwindet, wenn man an der Brust nuckelt. Und, wie erstaunlich, das Gesicht mitsamt der Brust erscheint, wenn man schreit! Also schreie ich mal, nicht nur, weil ich das Kneifen nicht mehr ertragen kann, sondern um auszuprobieren, ob dann das freundliche Gesicht erscheint. Das Kind erfährt zum erstenmal, daß es so etwas wie Macht hat. Aber es erlebt dies als Fähigkeit, sich aus mißlichen Lagen zu befreien. Die Mutter gehört zwar nicht mehr zu seinem Körper, aber sie ist trotzdem noch so etwas wie das Butterbrot, das sich unsereins schmiert und dann mit dem angenehmen Gefühl hineinbeißt, in der Lage zu sein, etwas gegen den eigenen Hunger zu tun.

Während in der intentionalen Phase ein Nicht-Antworten auf die Bedürfnisse des Babys zur Folge hat, daß sich bei ihm ein Grundgefühl entwickelt, das Leben an sich sei schrecklich und biete keinen Halt, so bedeutet dasselbe Verhalten in dieser sogenannten «oralen Phase», daß das Kind an sich selbst und seinen Fähigkeiten zu zweifeln beginnt. Noch immer schreit es nicht aus Bosheit, so wenig wie wir uns aus Bosheit ein Butterbrot schmieren. Daß eine Mutter kein Butterbrot ist, das keinerlei eigene Ansprüche hat, das lernt das Kind erst viel später.

Franz Renggli: «Im ersten Quartal war der Körperkontakt das einzige oder primäre Kontakterleben des Kindes. Im zweiten Quartal nun kann es auch eine optische oder akustische Beziehung zur Mutter, sei das durch Blicknachfolgen oder aber durch Plaudern, als Kontakt erleben. Wichtig dabei ist, daß die Mutter mit dem Beginn der Bindung des Kindes an sie die eine oder andere Kontaktart niemals abreißen läßt ...

Damit sich das Kind aber wirklich sicher fühlt oder aber selbstsicher zu fühlen beginnt, darf die Mutter den Kontakt zum Kind nicht nur nicht abbrechen lassen, sondern muß möglichst intensiv auf dieses Kontaktsuchen des Kindes eingehen, indem sie nicht nur zurückplaudert, sondern auch zum Kind selbst hingeht, sich mit ihm beschäftigt und es schließlich nach Wunsch des Kindes auch auf den Arm nimmt ...» (Renggli 1976, S. 91).

Etwa mit acht Monaten kommt zu der «Erkenntnis», daß die Befriedigung der Bedürfnisse von einem Wesen kommt, das offenbar vom Baby getrennt ist, noch die Erkenntnis hinzu, daß dieses Wesen nicht das einzige auf der Welt ist. Es unterscheidet sich offenbar in vielem von ähnlichen anderen Wesen. Dieses Erkennen des Fremden zeigt sich in Angst. Wenn Kinder in dieser Phase einen unbekannten Menschen sehen, der ihnen zu nahe kommt, weinen sie. Sie «fremdeln», wie man sagt. Und da diese Erscheinung sich meist im achten Lebensmonat einstellt, spricht man auch von der Achtmonatsangst.

All die bisherigen Erfahrungen machen einen neuen Unterschied: nicht mehr nur zwischen «Ich» und «Du», sondern es kommen jetzt noch «sie» hinzu, die anderen. Die Welt differenziert sich aus in immer mehr Einzelheiten, und Menschen sind auch solche Einzelheiten.

Wenn dies alles gutgegangen ist, dann hat das Kind nach einer Weile gelernt, sich «Butterbrote» zu schmieren, d. h. die Mutter oder sonstige erwachsene Personen zur Befriedigung seiner Bedürfnisse einzusetzen. Es hat so viel Sicherheit gewonnen, daß es sich vorwagen kann in die unbekannte Welt.

Renggli: «Gegen Ende des ersten Lebensjahres beginnt das Kind sich von der Mutter abzulösen, es kriecht von ihr weg, um die Umwelt zu erkunden und zu erforschen ... Je sicherer sich das Kind im Besitz seiner Mutter weiß, desto sicherer und mit größerem Vertrauen wird es diesen Besitz aufgeben und loslassen, ja sogar lustvoll sich von der Mutter ablösen können, um die Umwelt zu erkunden. Dagegen sind ältere Kinder, die ständig an der Mutter kleben bleiben und sich dauernd an sie anklammern, so behandelt worden, daß sie nie ihre Mutter voll in Besitz nehmen durften und damit ständig Angst haben müssen, den wenigen Besitz, den sie beanspruchen durften, auch noch zu verlieren» (Renggli 1976, S. 91/92).

Damit ist auch die orale Phase abgeschlossen, es folgt die anale Phase im zweiten und dritten Lebensjahr.

Die anale Phase (zweites bis drittes Lebensjahr)

Nachdem das Kind die Mutter wie ein Butterbrot «in Besitz» genommen hat, wird diese enge Verbindung in der analen Phase wieder gelockert und teilweise gelöst.

Zunächst wendet sich das Kind insofern von der Mutter ab, als es zeitweise anderen Dingen mehr Aufmerksamkeit schenkt als ihr. Das kommt zwar in der oralen Phase auch schon vor, z. B. wenn das Kind mit seinem Körper oder einem Gegenstand spielt, aber diese Phasen sind kurz, und vor allem ist es wichtig, daß sich die Mutter dabei immer in Sichtweite befindet. Nun braucht es aber langsam nicht mehr ihre ständige Gegenwart, es genügt dem Kind zu wissen, daß sie im Zimmer nebenan ist. Wehe allerdings, sie ist verschwunden, wenn es zu ihr zurückkehren will! Dann wird die Enttäuschung zur Panik – sollte die Sicherheit getrogen haben?

Dieser Ablösungsprozeß, der zunächst vom Kind ausgeht, wird später von der Mutter noch gefördert. Sie erwartet von dem Kind, daß es vieles selber tut, was sie bisher für es getan hat. Es soll selber laufen, sich selbst anziehen, von selbst zur Toilette gehen. Das geht nicht immer ohne Protest ab, vor allem bei solchen Kindern, denen in der oralen Phase nicht Gelegenheit genug gegeben wurde, ihre Mutter zu «besitzen». Sie haben damals zu wenig Selbstvertrauen entwickeln können, um jetzt den Forderungen der Mutter nicht mit der großen Angst gegenüberzustehen, ihnen nicht gewachsen zu sein.

Ich hatte immer geglaubt, daß dieses Selbständigwerden voll im Interesse des Kindes liege und Störungen in diesem Prozeß immer auf eine gestörte Mutter-Kind-Beziehung zurückzuführen seien. Um so verblüffter war ich, als ich bei Franz Renggli las, daß auch bei den Affen, und zwar bei allen Arten, die Mütter nachhelfen müssen, um ihre Kinder auf eigene Beine zu stellen (Renggli 1976, S. 94/95).

Vielleicht ist das sogar der letzte Schritt, der für die Erkenntnis notwendig ist, daß andere Individuen eigene Interessen haben? Vielleicht muß die Mutter, notfalls mit Nachdruck, ihre eigene Unabhängigkeit verteidigen, damit das Kind das lernt? Das darf aber wirklich erst geschehen, wenn das Kind eine gewisse Selbständigkeit entwickelt hat, sonst sind wir ganz schnell wieder beim Schreien-Lassen ...!

Dieser Trennungsprozeß wird natürlich, je nachdem, wie die ersten Jahre insgesamt verlaufen sind, von Kind zu Kind und von Mutter zu Mutter unterschiedlich aussehen. In dieser Phase ist es wichtig, daß die Beziehung zur Mutter von Beziehungen zu anderen Kindern abgelöst werden kann. Das wird um so reibungsloser verlaufen, je eher schon das Kleinkind Gelegenheit hatte, sich im Kontakt mit anderen Kindern zu üben. Das kann jeder bestätigen, der sein zweites Kind aufwachsen sieht!

Wenn wir an die Dogon zurückdenken, jenes westafrikanische

Volk, in dem die Mütter die Kinder zwei bis drei Jahre lang stillen und ständig herumtragen und dann von einem Tag auf den anderen Unabhängigkeit von ihnen verlangen, dann ist das gewiß ein Beispiel dafür, wie in dieser analen Phase der Anteil, den das Kind an der Ablösung haben kann, lange unterdrückt, der Anteil der Mutter aber übermäßig stark wird.

Man kann das auch allmählicher machen. Ich denke an Lenas Abstillen. Genaugenommen hat sie es nämlich doch nicht ganz allein getan, ich habe schon nachgeholfen, allerdings erst nach gut zwei Jahren. Aber da funktionierte das, was in der Literatur als notwendig beschrieben wird bei dieser Ablösung: die Orientierung an anderen Kindern. Ich konnte ihr das Trinken aus der Flasche schmackhaft machen – «Wie der Jan!» Aber eben langsam, nicht von einem Tag auf den anderen. Und ich fand, das war für uns alle ein guter Weg zur Abgewöhnung, zur «Entwöhnung».

Kleiner Exkurs betr. Louise J. Kaplan

Ich habe mich bei der vorhergehenden kurzen Skizze der verschiedenen Phasen der frühkindlichen Entwicklung auf die modernen psychoanalytischen Vorstellungen bezogen, wie sie bei dem oft zitierten Franz Renggli zum Ausdruck kommen. Was dort an Erkenntnissen zu beziehen ist, hat zudem den Vorteil, daß es mit Forschungsergebnissen der Verhaltensforschung und der Ethnologie «abgeglichen» ist. Es gibt zum Thema «Mutter-Kind-Beziehung» natürlich sehr viel verschiedene und von diesem Ansatz auch stark unterschiedene Lehrmeinungen.

So schreibt z. B. die amerikanische Psychologin Louise J. Kaplan in ihrem sehr ausführlichen Buch ‹Die zweite Geburt› den Satz: «Im Gegensatz zu Müttern in traditionellen Gesellschaften ist die moderne Mutter nicht bereit, sich ihr Kind in einem Tuch oder Umhang auf den Leib zu binden, mit ihm zu schlafen oder in jene Gemütsverfassung ständiger mütterlicher Sorge zu fallen, die sich einstellt, wenn das Kind dauernd getragen und gestillt wird» (Kaplan 1981, S. 68/69).

Wirklich? Vielleicht bin ich keine moderne, sondern eine altmodische Mutter, jedenfalls war und bin ich bereit, mir das Kind auf den «Leib zu binden», und nicht nur ich allein. Und so genau L. Kaplan vielleicht die Entwicklung von durchschnittlich behandelten

Säuglingen beobachtet hat, so sehr zeugt es meiner Ansicht nach einfach von Unkenntnis zu behaupten, durch das Umbinden des Kindes verfiele man in eine «Gemütsverfassung ständiger mütterlicher Sorge». Ich zumindest bin dieser Gemütsverfassung keineswegs verfallen, ich bin im Gegenteil durch das Tragen des Kindes von ihr befreit worden.

All die minutiösen Beschreibungen der Entwicklungsphasen eines Kindes in den ersten Monaten, die Louise J. Kaplan in ihrem Buch ausbreitet, beziehen sich auf das nicht getragene, aber stark umsorgte Kind. Ich bin der Auffassung, daß manches bei der Entwicklung eines Kindes anders verläuft, das seine ersten Monate vorwiegend am Körper eines Erwachsenen verbringt. Louise J. Kaplan schreibt z. B. von Wutanfällen des vier bis elf Monate alten Kindes als einer normalen Reaktion. Mag ja sein. Nur: Unsere Lena hat in dem Alter solche Wutanfälle nicht gehabt, auch bei Jan kann ich mich nicht daran erinnern. Das ist zwar noch kein Gegenbeweis, aber ich denke, es berechtigt mich mindestens zur Skepsis, denn die schreckliche Zwangsläufigkeit in solchen Darstellungen macht mir Angst. Ich möchte dem nachspüren, was da zwischen dem Baby und mir abläuft, wenn wir uns körperlich nah sind – ob das nun in irgendein Phasenmodell paßt oder nicht. Als Anhaltspunkt orientiere ich mich gern an solchen Modellen, aber zum Korsett dürfen sie nicht werden.

Im folgenden Kapitel unternehme ich nun den Versuch, aus der Perspektive des Kindes zu schildern, wie es in der Zeit des ersten Lebensjahres, also der «intentionalen» und der «oralen» Phase, wie wir sie vorhin besprochen haben, das Getragenwerden erlebt.

Kapitel 7

Wie erfährt ein Kind seinen Körper, wenn es im ersten Lebensjahr viel getragen wird?

Ich gehe von dem im letzten Kapitel skizzierten Phasenablauf aus. Zunächst erlebt der Säugling sich als Mittelpunkt eines Gefühlsuniversums. Dann ist er Mittelpunkt einer Welt, die hauptsächlich aus seiner Mutter und ihm besteht. Diese Welt bevölkert sich plötzlich – im achten Monat – mit anderen Personen, was für ihn zunächst eine erschreckende Erfahrung ist.

Schließlich beginnt er, sich den Dingen um ihn herum zuzuwenden, sie für sich zu «begreifen» und zu «entdecken».

Betrachtet man nun genau die Erfahrungen, die ein getragener Säugling macht, kann man feststellen, daß diese spezifische Erlebnisweise der Welt sich genau in seiner Körpererfahrung widerspiegelt. Die Wahrnehmung der Mutter, der Welt, seines eigenen Körpers verläuft mit allen Sinnen synchron – den Augen, den Ohren, der Haut, dem Gleichgewichtssinn.

Der Körper signalisiert nichts anderes, als was das Kind selbst in dem Augenblick als das Wichtigste empfindet. Es fühlt sich bestätigt, bei sich zu Hause. Die Entwicklung seines Körpers und die seiner geistigen Fähigkeiten verlaufen parallel, eines unterstützt das andere.

Es bildet sich ein Ich ohne Sprünge, ohne Widersprüche.

Kühne Behauptungen!

Ich kann sie nicht beweisen, die Reihenuntersuchungen, bei denen der Computer die Korrelation zwischen Minuten im Tragetuch und Minuten des Geschreis errechnet und entsprechend dann ausweist, welchen Varianzanteil das Tragen hat, stehen noch aus.

Ob es sie je geben wird?

Vorderhand kann ich aber beschreiben, wie ich mir die Körpererfahrung eines Säuglings vorstelle, und es bleibt jedem selbst überlassen, ob er sich dieser Vorstellung anschließen kann.

Bewegtes, spürbares Umhülltsein

Ein Neugeborenes setzt alle seine Wahrnehmungen in Beziehung zu sich selbst. Ich habe es ja schon einige Male angedeutet, welche sinnlichen Wahrnehmungen das Kind das Gefühl einer gewissen Konstanz zwischen vorgeburtlichem und nachgeburtlichem Leben erleben lassen: Wärme, Bewegung, eine gewisse Massage durch streichelnde Muskelbewegungen rings um seinen Körper, Wasser, eine gekrümmte Körperhaltung mit angewinkelten Armen und Beinen, kurz, bewegtes, spürbares Umhülltsein.

Wenn das Kind also in den ersten Monaten lernt, wie sich das Leben anfühlt, eine gewisse Grunddisposition für darauffolgende Erfahrungen entwickelt, dann wird dieses Grundgefühl um so angstfreier sein, je häufiger es diese Erlebenskonstanz erfahren konnte. Konkret ausgedrückt: je häufiger es am Körper eines Erwachsenen sein durfte.

Man sollte nicht versäumen hier anzumerken, daß dem Kind allerdings wenig gedient ist, wenn der Erwachsene, der ihm seinen Körper leiht, z. B. arg nervös ist, das Kind ständig hin- und herbewegt, ablegt und wieder aufnimmt, oder wenn der Erwachsene gar krank, sonstwie überfordert oder dem Kind gegenüber feindlich eingestellt ist. Was in solchen Fällen zu tun ist, muß gewiß individuell entschieden werden. Und für eine solche Entscheidung sollte man sich auf jeden Fall Hilfe und Rat von Freunden oder Fachleuten holen.

Wie gesagt, ansonsten gilt in dieser Phase der Entwicklung: das Kind wird um so mehr Urvertrauen erwerben, je häufiger es am Körper eines Erwachsenen sein durfte. Gerade in dieser Zeit aber ist es bei uns üblich, die Kinder weitaus mehr ins Bettchen zu legen als in den darauffolgenden Monaten, in denen das Kind länger wach ist und aktiv mehr Kontakt fordert. Das In-sich-gekehrt-Sein eines jungen Säuglings wird leicht als Teilnahmslosigkeit interpretiert, und darum denkt sich auch niemand etwas dabei, ihn allein in seinen Stubenwagen zu legen. Und wenn er schreit, werden seine Bedürfnisse ja auch befriedigt, zum Füttern und Wickeln wird er hochgenommen, auch gestreichelt und liebkost, für das Bäuerchen herumgetragen und abends sogar ins warme Wasser getaucht – wie angenehm! Aber in den Zwischenzeiten kommt das Kind selbstverständlich ins Bett.

In der ersten Zeit geht das auch meistens gut. Etwa vier bis sechs Wochen lang umgibt den Säugling so etwas wie ein Reizfilter, durch den alle Reize der Außenwelt nur gedämpft durchdringen. Das Sortieren der Reize in «bekannt» – «unbekannt», und die entsprechende Reaktion darauf findet nur gebremst statt. Aber dann geht es los! Das Baby wird einem Wechselbad von Empfindungen ausgesetzt. Es trinkt, es wird gewickelt, es wird auf dem Arm gehalten, geschaukelt, gewiegt – die Welt, also es selbst, ist in Ordnung.

Doch plötzlich: Ruhe, Starre, kein Herzklopfen mehr, keine Brust im Mund – was hat das zu bedeuten?

Na ja, ein bißchen interessant ist es ja auch, darum kann man es auch eine Weile aushalten.

Aber eben nur eine Weile. Dann wird alles so befremdlich, daß man gerne zurückkehren würde zu jenem warmen Wohlgefühl ... Gebrüll!

Meistens gegen Abend, nach dem Motto: «Das kann doch nicht alles gewesen sein!» Und die Eltern sind ratlos, tragen das Kind hin und her und fragen sich, womit sie das verdient haben. Es ist natürlich bislang nur Hypothese, daß die abendlichen Schreistunden, mit denen viele Babies ihre Eltern plagen, auf mangelnden Körperkontakt zurückzuführen sind.

Ich habe beide Kinder in dieser ersten Phase auch nicht viel herumgetragen. Lena hat mir sogar den Gefallen getan, am Tag manchmal drei bis vier Stunden zu schlafen. Das hat Jan kaum fertiggebracht. Aber abends war sie fast noch unerträglicher als er. Ob er sich entsprechend mehr Kontakt schon am Tage geholt hatte? Ich finde es zumindest bemerkenswert, daß Heidi R., die ich bereits zitiert habe, offensichtlich vom Baby-Schock verschont geblieben ist, obwohl sie von ihrem ersten Kind erzählt. Ein vorbehaltlos glückliches erstes halbes Jahr, wo gibt es das schon? Aber ihr war vom ersten Tag an klar, daß das Baby an ihren Körper gehörte. Und so kam es gar nicht erst zu dieser periodischen Verzweiflung.

Gegen diese Hypothese könnte sprechen, daß bei diesen abendlichen Schreistunden oft auch das Herumtragen nichts mehr nützt. Aber wenn man den ganzen Tag hungert und sich dann abends den Bauch vollschlägt, weicht auch bloß ein neues Wehgefühl dem alten. Man kann ja auch bei dem Baby davon ausgehen, daß sich gewisse Spannungen in seinem Körper ansammeln, die es durch eigene, aktive Körperbewegungen nicht entladen kann. Dazu ist seine Körperbeherrschung noch viel zu unentwickelt. Ist ihm dann so richtig kribbelig zumute, kann der Kontakt mit einem nervösen Erwachsenen auch nicht sofort Erleichterung bringen. Vielleicht wird die «Aufladung» durch die Nervosität von Mutter oder Vater sogar noch gesteigert.

Die Verkrampfung wächst und damit auch das, was in den meisten Fällen dann wirklich diagnostizierbar ist: Verdauungsbeschwerden, Blähungen. Wie kann sich in einem verspannten kleinen Körper eine lockere, unverkrampfte Darmtätigkeit entwickeln? Ich will damit nicht behaupten, das Tragetuch am Tage wäre das Patentrezept gegen das Geschrei am Abend. Das wäre unredlich. Es gibt durchaus getragene Babies, die es nicht so leicht mit der Welt haben wie Heidi R.s kleine Tjorven.

Mittelpunkt des Lebens

Wenn ein Säugling in dieser Phase viel getragen wird, entspricht das seinem Gefühl, der Mittelpunkt des Lebens zu sein. Alles, was er erlebt, berührt ihn ganz buchstäblich bis in sein Innerstes. Die Massage seines kleinen Bauches durch die Bewegungen des Erwachsenen ist gleichzeitig ganz direkt eine Tröstung seiner kleinen Seele.

Nach einer gewissen Zeit, die das Baby einfach braucht, sich an das viele Neue zu gewöhnen, beginnt es, sich der Außenwelt zuzuwenden. Vielleicht kann man sich das vorstellen wie bei einem Umzug. Zuerst richtet man sich in der eigenen Wohnung halbwegs ein, und wenn man da die gröbste Unordnung beseitigt hat, macht man die Haustür auf und schaut sich in der neuen Umgebung um. Die Wohnung ist zwar noch nicht ganz fertig, aber zumindest soweit, daß man sich einigermaßen zu Hause fühlt, wenn man von seinen Streifzügen durch das Unbekannte zurückkommt.

Das erste, was der Säugling erfährt, wenn er sein In-sich-gekehrt-Sein aufgibt, ist die seltsame Tatsache, daß er und seine Mutter nicht zusammengewachsen sind. Nun könnte man meinen, daß diese Einsicht einem getragenen Kind viel schwerer fallen müßte als einem nicht getragenen, das sich viel häufiger als von der Mutter unabhängiger Körper fühlt. Ich würde nicht einmal ausschließen, daß dieser Prozeß durch das Tragen tatsächlich hinausgezögert werden kann. Aber er wird ganz gewiß nicht verhindert und kann vielleicht zu einem späteren Zeitpunkt um so lustvoller erlebt werden.

Hat das Kind doch am Körper seiner Mutter unendlich mehr Möglichkeiten, diesen fremden Körper zu erforschen. Arme, Brust, Haare, Gesicht, Schultern alles ist ständig in der Nähe und kann angefaßt und angeschaut werden. Die Mutter schaut mal weg vom Kind, mal schaut sie es an. Immer wieder Trennung und Vereinigung, unendlich oft am Tag, leicht, schmerzlos und spielerisch, eingeübt zuerst durch Bewegungen des Kopfes, untermalt von der ständigen körperlichen Zusicherung: Du bist nicht allein, auch wenn ich dich nicht anschaue.

Wie erlebt das ein Kind im Bettchen oder auf der Spieldecke?

Entweder ist die Mutter ganz weg. Oder jedenfalls ziemlich weit weg: ein paar Schritte Entfernung genügen ja schon, daß das Kind die körperliche Zusicherung, nicht allein zu sein, nicht mehr spürt. Aber dann kommt sie, schaut das Kind an, nimmt es auf den Arm, spricht mit ihm, streichelt es, während es trinkt, scherzt mit ihm beim Wickeln, beim Baden, beim Spielen. Der Blickkontakt wird selten unterbrochen. Und plötzlich ist wieder alles vorbei. Das Kind hat immer entweder alles auf einmal, Blick, Stimme und Körper der Mutter, oder gar nichts.

Die Erkenntnis der eigenständigen Person der Mutter ist kein langsamer Ablösungsprozeß, sondern in dem ständigen Auf und Ab von totalem Alleinsein und vollem Umsorgtwerden wird irgendwann einmal unübersehbar, daß die Mutter auch dann existiert, wenn sie das Kind gerade nicht berührt, daß sie außerhalb des Kindes lebt. Natürlich ist auch beim Kind, das viel im Tragetuch sitzt, dieser Erkenntnisprozeß von tatsächlichen körperlichen Trennungen begleitet. Es wird genauso gewickelt und gebadet, von anderen Personen auf dem Schoß gehalten oder im Tuch oder Sitz getragen. In den meisten Fällen wird es auch mal allein ins Bett gelegt, wenn es schläft, oder auf eine Decke, wenn die Mutter gerade etwas tut, was sich mit Kind einfach nicht machen läßt, oder sie mal keine Lust auf das kleine Klammeräffchen hat. Es ist ja nicht wirklich an der Mutter angewachsen, vor allem, wenn auch der Vater seinen Teil an der Säuglingspflege übernimmt.

Aber das Kind kann von seinem «Ausguck» am Körper eines Erwachsenen die Einzelheiten der Welt betrachten, ohne gleichzeitig das Gefühl der Isolierung verarbeiten zu müssen.

Ich habe die Vorstellung von einer Pflanze, die sich als fest verklebte Knospe aus dem Boden schiebt und dann langsam ihre Blätter auseinanderstreckt, voneinander trennt.

Eine solche Trennung ist eine Entfaltung.

Dagegen bekommt für mein Gefühl die Trennung, die dem Wechselbad von Einsamkeit und Zuwendung entspringt, einen leichten Anstrich von Resignation – «Wenn es schon so sein muß!» Die körperliche Erfahrung, die ein getragener Säugling in dieser Phase macht, entspricht wiederum genau seinen neuen Erkenntnissen. Er selbst ist nach wie vor der Mittelpunkt. Die Mutter dreht sich nur um ihn. Sie beugt sich über ihn, umfaßt ihn ständig, nährt ihn. Seine Wahrnehmung geht aber nun über seine eigenen Grenzen hinaus bis an ihre Grenze. Die Grenze zwischen ihnen beiden ist ständig spürbar: seine Haut an der ihren, ihre Bewegungen lassen ihn seine Grenzen an ihr fühlen. Der Säugling lernt seinen Körper auf eine ganz andere Weise kennen, als er das auf einer Decke tun würde. Liegend auf einer Decke oder im Bett spielt er mit seinem Körper als etwas, was er von außen anfassen kann. Da sind die Zappeldinger vor seiner Nase, die sich auch gut in den Mund stecken lassen. Man kann mit ihnen nach diesen anderen Dingern greifen, die weiter unten angewachsen sind. Man kann sich strecken und steif machen oder mit allen vieren strampeln.

Diese Art der Körpererfahrung ist sicherlich aktiver als das Sich-Fühlen im Kontakt mit einem anderen Körper. Aber es ist dementsprechend auch ruheloser, und es ist einsamer. Das Erlebnis des Ich ist nicht gekoppelt mit dem Erlebnis des Du.

Nun wäre es sicher falsch zu behaupten, ein Kind, das nicht viel getragen wird, müßte diese passive Ich-Erfahrung gänzlich entbehren und ein getragenes Kind hätte keinerlei Möglichkeiten zur aktiven Erforschung seines Körpers. Natürlich wird auch ein Bettchen-Baby herumgetragen und gestreichelt, und, wie schon gesagt, auch das Tragetuch-Kind bekommt Gelegenheit, mit seinem Körper zu spielen. Es ist eine Frage der Schwerpunkte.

Weiter mit unserem Baby. Jetzt kennt es die Mutter, die sich um es dreht. Aber seine Wahrnehmungsfähigkeit und Neugierde greifen bald über die Mutter hinaus. Mittelpunkt ist es noch immer. Aber auf seinem schaukelnden Sitz erlebt das Kind eine immer buntere Welt. Da gibt es andere Personen, die auf es zukommen und sich von ihm entfernen, und es gibt die unglaubliche Welt der Dinge. Immer noch dreht sich alles wie ein Karussell – nicht nur im übertragenen

Sinne, sondern ganz wörtlich gemeint. So wie die Mutter sich bewegt, kreist und schwankt die Welt um das Kind.

Aber die Wahrnehmung dessen, wer hier kreist und wer ruhig steht, das wird sich bald ändern.

Wenn die Eigenbewegung beginnt

Das Baby kann und will sitzen! Und siehe da, wenn man auf dem Boden sitzt, dann bewegt sich nicht mehr die Welt, sondern man muß sich selber bewegen! Sollte vielleicht doch nicht ich der Angelpunkt allen Geschehens sein?

Eine Weile ist der Gedanke ganz spannend, aber dann wird er beängstigend – schnell wieder hinauf auf den schaukelnden Sitz. Da dreht sich die Welt wie gewohnt, beruhigt kann ich ein Nickerchen machen.

Die Phasen, in denen das Kind aushält, nicht der Angelpunkt der bewegten Welt zu sein, werden immer länger. Die Kraft des Körpers wächst, sich mit den Widerständen der Materie auseinanderzusetzen. Wenn die Dinge sich schon nicht bewegen, dann muß sich das Kind eben selbst bewegen: es lernt krabbeln und laufen. Und je größer die Beherrschung der starren Welt durch die Bewegungsbeherrschung des Kindes wird, um so seltener muß es vor dieser beängstigenden Starre auf seinen schaukelnden Sitz entfliehen, die Welt hat ihre Schrecken verloren.

Diese Phase habe ich mit Lena sehr deutlich erlebt. Sie konnte mit etwa sechs Monaten sitzen, und zu dem Zeitpunkt fing sie an, mir unmißverständlich klarzumachen, daß es ihr auf dem Rücken zu langweilig wurde. Sie streckte sich und bog ihren Oberkörper weg von mir, bis ich sie abschnallte und mit irgendeinem Küchengerät oder einer Windel zum Knautschen auf den Boden setzte. Dort blieb sie so lange, bis es ihr zuviel wurde. Sie wurde dann quengelig oder fiel öfter um. Dann nahm ich sie wieder auf den Rücken, wo sie meistens einschlief. Es war ein Rhythmus, der sich ganz unmerklich im Laufe des nächsten Jahres so weit verschob, daß sie dann kaum noch getragen wurde, außer bei Spaziergängen oder beim Einkaufen.

Die skizzierten Phasen der Entwicklung sind ja nur Denkmodelle. In der Realität sind sie alles andere als scharf voneinander abgegrenzt.

Das Tragen des Säuglings bietet dem Kind noch eine weitere Möglichkeit: Wer einmal ein Einjähriges getröstet hat, der weiß, wie gerne es sich noch zusammenrollt und gestreichelt und gewiegt wird, als wäre es eben erst geboren. Das Kind treibt vor und zurück in seiner Entwicklung, je nach dem Grad der Anspannung, den es im Augenblick vertragen kann. Phasen der drängenden Neugierde wechseln mit dem Bedürfnis, sich ganz in sich zu verkriechen. Am Körper eines Erwachsenen kann das Kind ganz reibungslos aus einem Zustand in den anderen gleiten. Eben noch hat es die Mutter angeschaut, sie vielleicht an den Haaren gezogen und damit eine interessante Reaktion hervorgerufen – «Aha, die Mutter ist also nicht ich, *ich* brauche ja nicht zu schreien, wenn ich *sie* an den Haaren ziehe!» Aber schon im nächsten Moment ist ihm die Erkenntnis vielleicht unheimlich, es kuschelt sich in die Armbeuge der Mutter und vergißt alle Trennungen. So kann das Kind immer wieder einen Schritt zurücktreten, um «Anlauf» zu nehmen für eine neue Erkenntnis, bis es von dieser ermüdet ist und es sich wieder zurückzieht auf ein bekanntes Lebensgefühl.

Spuren im Körper

Ein Leben am Körper eines Erwachsenen verhindert – sofern der Erwachsene nicht selbst völlig verkrampft ist! – im Körper des Kindes Spannungen und Verkrampfungen.

Wir «Großen» lassen uns bei Muskelverspannungen ja auch nicht Bettruhe verschreiben, sondern Massagen. Und nichts anderes tut der Körper des Erwachsenen mit dem Körper des Kindes – er massiert ihn. Sanft, aber beständig.

Die Spannungen, die sich im Körper eines Erwachsenen ansammeln, kann dieser in der Regel durch Bewegung selbst wieder «entladen», wenn sie nicht gewisse Ausmaße überschreiten.

Ein Säugling hat damit Schwierigkeiten. Er beherrscht seinen Körper so wenig, daß er mit seinen ruckartigen Bewegungen die Verspannung möglicherweise gar nicht erreicht, sondern durch Versteifen des ganzen Körpers nur noch neue hinzufügt. Daß das auch auf innere Organe Einfluß haben kann, kann man sich leicht denken, da bei einem Säugling körperliche Beeinträchtigungen meist sofort das ganze Kind erfassen.

Bekannt ist auch, daß jedem inneren Organ bestimmte Zonen der Haut zugeordnet werden können, weil sie sich im ganz frühen Embryonalstadium aus demselben Keimblatt gebildet haben. So liegt der Gedanke nahe, daß durch regelmäßige, sanfte Stimulationen dieser Hautregionen Durchblutung und Wachstum der zugehörigen Organe beeinflußt werden.

Daß Babies sogar sterben, wenn sie nicht genügend Stimulantien von außen erhalten, haben wir schon mitgeteilt, als wir von den Forschungen René Spitz' berichteten. So wenig Körperkontakt wie diese Kinder im Findelheim bekommen wohl nur sehr, sehr wenige Babies, wenn sie bei ihrer Mutter oder den Eltern aufwachsen. Selbst in Krippen und Heimen wird in dieser Hinsicht, wie erwähnt, Vorsorge getroffen. Denn es ist ja nicht so, daß Kinder auf Körperkontakt verzichten müßten, wenn sie nicht am Körper getragen werden.

Allein beim Wickeln wird die Afterregion schon ganz kräftig behandelt. So bekommt durchaus jedes Kind ein gewisses Maß an Körperkontakt, wenngleich häufiges Schreien in der ersten Zeit doch im einen oder anderen Fall auf einen Mangel an körperlicher Stimulation hindeuten könnte. Könnte, aber nicht muß. Wir wollen hier keiner Frau, die sich nicht dazu entschließen kann, ihr Kind zu tragen, ein schlechtes Gewissen machen. Wenn das Kind oft genug aufgenommen und gestreichelt wird, wird es gewiß auch gedeihen. Ich habe mich ja auch nicht wegen des Wohlergehens von Lena zum Tragetuch entschlossen, sondern wegen meines eigenen Wohlergehens.

Wenn wir uns hier noch weiter mit negativen Folgen von fehlender körperlicher Stimulation befassen, so vor allem, um zu unterstreichen, welche Bedeutung eine Minimaldosis an Körperkontakt hat. Ashley Montagu nämlich weist darauf hin, daß der im 19. Jahrhundert weitverbreitete «Marasmus», eine allgemeine kindliche Lebensschwäche, vor allem in amerikanischen Waisenhäusern und erstaunlicherweise außerdem zugleich in den «besten» Familien vorkam (Montagu 1982, S. 66). Dieser «Marasmus» trat offensichtlich immer dann auf, wenn der Säugling ein Minimum an Körperkontakt entbehren mußte – in den Waisenhäusern aus Zeitmangel, in den «besten» Familien, weil es verpönt und unmodern war, die Kinder durch Zuwendung zu verwöhnen.

Es ist inzwischen auch bekannt, daß Kinder in Brutkästen besser gedeihen, wenn sie regelmäßig gestreichelt werden, und es gibt sogar schon sogenannte «Schwinginkubatoren», also schaukelnde Brutkästen, in denen die Kinder auch noch Stimulationen des Gleichgewichtssinns erfahren.

Ich finde, daß man sogar noch einem größeren Kind «abspüren» kann, ob es ausgiebig Körperkontakt erleben konnte oder nicht. Ich empfinde Lena als ganz geschmeidig, locker und weich, und wenn ich sie auf den Arm nehme, stützt sie sich so geschickt an mir ab, daß sie noch immer nicht schwer zu tragen ist und gut auf meiner Hüfte sitzt. Dagegen habe ich schon manches Kind auf dem Arm gehabt, das sich eher wie ein Sack anfühlte.

Diese Beobachtung machen auch andere an getragenen Kindern. Eine Mutter schrieb mir: «Eine gute Bekannte sagte mir vor einigen Tagen, daß sie Mirka im Gegensatz zu ihrem kleinen Sohn sehr geschmeidig und gewandt, auch sehr körperbeherrscht und muskulös findet. Ich selbst bewundere in manchen Situationen ihre Geschicklichkeit, sich im letzten Moment zu fangen, nicht zu stürzen. Sie ist überhaupt nicht tolpatschig!» (Inge G., Mirka ist elf Monate alt.)

Wenn's Baby schläft

Zu den größten Überraschungen, mit denen uns Jan als Neugeborener aufwartete, gehörte seine Unfähigkeit, alleine einzuschlafen. Dabei hätten wir es uns denken können. Wozu gibt es schon seit undenklichen Zeiten Wiegen und Schlaflieder?

Aber wer denkt schon über so was nach, wenn er sich während der Schwangerschaft aufs Kind freut, bevor er nicht stundenlang mit dem Baby auf dem Arm durch die Wohnung gewandert ist, um es zum Schlafen zu bringen?

Anfangs konnte ich es nicht begreifen. Da war das Kind satt und trocken, nichts klemmte und drückte, müde mußte es auch sein, aber einschlafen tat es nicht.

Immer wieder hob es das Köpfchen, bis das Jammern in Geschrei übergegangen war. Dann war das Mutterherz schon erweicht, und ich nahm ihn wieder hoch. Das war der Fehler, wird mancher sagen, er hätte sich schon beruhigt. Vielleicht hätte er seinen Daumen gefunden oder an etwas anderem genuckelt und wäre schon eingeschlafen.

Ja, das wäre vermutlich eingetreten – nach einer Zeit voller Verlassenheitsängste und Verwirrungen. Das Schreien hätte sich mit der Zeit in der Farbe verändert – aus einem fordernden wäre ein protestierendes Schreien und zum Schluß ein langsam versickerndes

Jammern der Resignation geworden. Die Erschöpfung hätte sich seiner bemächtigt. Einige Male hätte sich das wiederholt. Nichts als Resignation wäre übriggeblieben. Und nach ein paar Wochen hätte er es hingenommen, sich – wie man so schön sagt – daran «gewöhnt».

Mit dieser Methode ist Generationen von Säuglingen das Einschlafen gelehrt worden. Nein – das kann ich so nicht sagen: Generationen nicht, Millionen ja, aber Generationen nicht. Denn immer hat es auch Mütter gegeben, die sich gegen die Norm gestellt haben, die ihre Kinder nicht schreien ließen, und wenn es die Gesellschaft und die Kinderärzte und die Omas und die Ratgeber und die lieben Nachbarn noch so sehr verlangten.

Dabei kommt der Schlaf unter bestimmten Bedingungen tatsächlich von selbst. Wenn eine Mutter stillt, entdeckt sie sehr schnell die wirksamste dieser Bedingungen, das Nuckeln an der Brust. Nicht das kräftige Saugen, solange der Hunger groß ist und die Milch in Strömen fließt, nein, beim Nachtisch sozusagen, dem genüßlichen Nuckeln nach der Mahlzeit, schlafen sehr viele Babys einfach ein. Bei stillenden Müttern gehört das «in den Schlaf Stillen» vielfach über Monate zur täglichen Routine, weil es das wirksamste Mittel ist, den kleinen Unruhegeist zur Ruhe zu bringen. Und wer nicht stillt oder auf dieses Genuckel keine Lust hat, steckt dem Kind einen Schnuller in den Mund.

Es gibt noch zwei Bedingungen, unter denen Babies leicht einschlafen und die die Eltern auch meist nach kurzer Zeit herausfinden: herumtragen oder sich mit ins Bett legen. Von diesen Bedingungen hatte uns niemand etwas erzählt. Wir waren davon ausgegangen, daß man ein Baby zum Schlafen legt, wie man das mit sich selbst als Erwachsener auch tut: ins Bett, stillgelegt, eingeschlafen, fertig.

Wir fanden natürlich auch schnell heraus, daß die geschilderten Methoden wirkten, aber wir hatten immer das Gefühl, daß da irgend etwas nicht stimmte. Und aus diesem Gefühl erwuchs eine ständige Ungeduld, die es dem Kind natürlich noch zusätzlich schwermachte einzuschlafen.

In der Überzeugung, daß ein Kind in seinem Bett einzuschlafen hat, saß ich stundenlang neben dem Bett und sang. Denn auch Singen hilft, wenn auch nicht ganz so wirkungsvoll.

Aber bis es erst einmal still lag! Manchmal habe ich in meiner Verzweiflung das brüllende Kind, das sich immer wieder aufrichten wollte, minutenlang niedergedrückt, damit es endlich, endlich liegenblieb. Und dann blieb es auch liegen und schleuderte den Kopf hin und her, daß mir bei dem Anblick angst und bange wurde. Aber das Baby-Lexikon belehrte mich, das hieße «Jactatio» auf lateinisch, manche Kinder brauchten es einfach zum Einschlafen, und überhaupt, es gäbe sich mit der Zeit. Ich zwang mich also, diese seltsame Erscheinung als normal zu betrachten, saß neben dem Bett und sang «Schlaf Kindchen schlaf», bis mir selber die Augen zufielen. Und wehe, ich machte eine Pause oder wechselte gar die Melodie – prompt war das halb weggeduselte Kerlchen wieder wach.

Bis ich von alledem restlos genug hatte und auf die einfachste Methode zurückgriff, mich selbst mit dem Kind hinzulegen und es auch nachts mit in mein Bett zu nehmen. Von der «Jactatio» war der Sohn von Stund an befreit.

Was steckte dahinter?

Ich fing an, mich selbst beim Einschlafen zu beobachten. Das geht nur bis zu einem gewissen Punkt, das Einschlafen selbst bekommt man natürlich niemals mit. Aber ich bemerkte, daß ich vor dem Einschlafen niemals untätig war. Ein Gedanke nach dem anderen spazierte mir durch den Kopf. Anfangs dachte ich gezielt über etwas nach, und dann spürte ich, wie sich die Gedanken selbständig machten, durcheinanderschwirrten, davonschwebten, der Assoziation von Klängen Platz machten. Mein Gehirn, das im Schlaf ja von Außenreizen unbehelligt bleiben sollte, wurde nicht plötzlich abgeschaltet, sondern langsam abgeschirmt.

Und womit?

Mit Reizen. Aber nicht mit neuen Reizen, die hätten es ja nur wieder neu angeregt, sondern mit wohlbekannten. Den eigenen Gedanken, die sich ohnehin schon darin befanden, mit wohlbekannten Bildern, mit wohlbekannten Klängen. Selbst beim Einschlafen in relativ unruhiger Umgebung, z. B. wenn ich ein Mittagsschläfchen mache und meinen Mann in der Küche mit den Tellern klappern höre und die Kinder im Spielzimmer herumalbern, ist zu spüren, wie sich die kreisenden Gedanken wie eine schützende Hülle enger und enger um die Wahrnehmungsantennen legen, bis diese sozusagen endgültig «eingezogen» sind.

Und ein Baby? Womit schirmt das seine «Antennen» ab?

Mit Gedanken? Mit Bildern? Mit Melodien? Mit gewohnten, beruhigenden Reizen aus dem Inneren seines ruhebedürftigen Gehirns? Woher soll es sie nehmen – sie sind ja noch gar nicht da!

Diese Gedanken, Bilder und Vorstellungen, die da im Kopf

eines Erwachsenen und sicher auch schon eines älteren Kindes kreisen, müssen sich beim Säugling doch erst bilden. Sein Kopf kann noch nicht selbst aus den Elementen seiner Erfahrungen die Decke aus Gedanken weben, die ihn vor neuartigen Reizen aus der Außenwelt schützt.

Aber sein Gehirn läßt sich genausowenig auf Knopfdruck abschalten wie das eines Erwachsenen. Er braucht auch einen Schirm aus wohlbekannten Reizen, der schützend neuartige Reize abhält.

Langsam wurde mir die Sache klar: Diese bekannten Reize erhält das Baby nicht über sein Gehirn, sondern über seinen Körper. Sanftes und heftiges Schaukeln, Atem, Herzschlag und Stimme der Mutter, die Wärme der Haut, die Brustwarze in seinem Mund. Jan hat das einmal selbst auf verblüffende Art ausgedrückt. Ich habe ihn zweieinhalb Jahre gestillt, er konnte also schon reden, als er noch an der Brust trank. Eines Tages spielte er ganz vergnügt an meiner Brust und sagte unvermittelt: «Die Mutter schüttelt's Bäumelein!» und grinste.

Da hat sich in dem kleinen Kopf der Zusammenhang zwischen Brust und Schlaf hergestellt. Ich war völlig perplex, daß dieses Kerlchen da so einfach einer Weisheit in dem uralten Lied auf die Spur gekommen war, an der ich sonst achtlos vorübergegangen wäre: «Da fällt herab ein Träumelein!»

Bei Lena wußte ich dann: Beim Einschlafen geht es nicht darum, dem Kind Reize fernzuhalten, sondern es mit einem Schirm bekannter Reize zu umgeben.

Das erklärt auch, warum beim Singen Pausen und der Wechsel der Melodie so aufschreckend wirken. In die dämmernde Wahrnehmung des Gewohnten tritt plötzlich etwas Neues, der Geist schaltet auf «Aufnahme», an Schlafen ist nicht mehr zu denken. Das steckt natürlich auch in der allgemein unbestrittenen Erfahrung, daß jedes Kind seinen Einschlafritus braucht. Der Ritus ist einfach eine Abfolge immer gleichbleibender Handlungen, die kein aktives Nachdenken und Aufnehmen mehr erfordert und das ungezielte Kreiseln der Gedanken beim Einschlafen vorbereitet.

Auch für Kinder, die als Säuglinge lange im Bettchen schreien mußten, wird dieses Bettchen, dieser Bettzipfel, der Anblick des immer gleichen Tapetenmusters schließlich so zur Gewohnheit, daß diese Wahrnehmungen die Funktion der abschirmenden Reize übernehmen können. Darum sprechen diejenigen sicher aus wohlbegründeter Erfahrung, die kopfschüttelnd die Schlafprobleme in jungen Familien von heute betrachten und davon berichten, daß sie ihre Kinder immer nur zu legen brauchten, und dann war Ruhe. Die Gewöhnungszeit haben sie entweder vergessen, sie nicht so ernst genommen oder nicht mit Einschlafproblemen in Verbindung gebracht, sondern vielleicht mit Bauchweh.

Die genannten Einschlafbedingungen müssen nicht alle zugleich gegeben sein, damit das Kind zur Ruhe kommt. Wenn ich unsere Lena in den Schlaf stillte, wurde sie nicht gewiegt; wenn sie bei ihrem Vater auf dem Rücken einschlief, wurde sie nicht gestillt, und wenn sich später einer von uns einfach zu ihr legte, wurde sie weder gewiegt noch gestillt.

Eine Fixierung auf die Mutter braucht man dann nicht zu befürchten, wenn das Kind auch die Körper anderer Personen als Einschlafplatz angeboten bekommt.

Bei Lena konnte ich sehr schön beobachten, wie der abschirmende Reiz meines Körpers langsam durch andere Reize ersetzt wurde. Seit sie etwa zwei Jahre alt ist, läßt sie sich problemlos ins Bett legen, ohne daß sich jedesmal einer dazulegen muß. Zuerst noch an meinem Körper eingeschlafen, lernte sie allmählich das Bett als neue Gewohnheit kennen: die feste Matratze, das Kopfkissen, die Decke. Ich stillte sie meist im Liegen in den Schlaf. Dabei hielt sie sich sozusagen an meiner Brust fest, aber als sie das Bett als Umgebung genug kannte, konnte sie die Brust auch loslassen, den Daumen in den Mund stecken und allein einschlafen.

Das dauerte allerdings Monate – nicht nur ein paar Wochen, wie man leicht denkt, wenn man in Ratgebern liest «Das Kind wird sich bald ...»!

Nun braucht sie die Brust schon lange nicht mehr, und daß sie abends im Bett eine Flasche trinkt, rührt – wie ich denke – wohl von ihrem Wunsch nach Gleichbehandlung mit dem großen Bruder her. Denn wenn sie mal von allein einschläft, kann sie gut darauf verzichten.

Nur in ganz fremder Umgebung gehen wir sozusagen einen Schritt in der Entwicklung zurück, indem sich einer von uns Erwachsenen dazulegt. Ansonsten aber ist ihr Einschlafritual längst nicht so festgelegt wie das ihres Bruders.

Ich fand es schön, das Kind an mir einschlafen zu lassen, ihm eine Zeitlang als lebende Wiege zu dienen. So ein warmes, friedliches Kuscheln. Ich konnte es meistens genießen, womit ich allerdings nicht behaupten will, ich wäre nie unwirsch und nervös geworden;

man hat ja manchmal wirklich so viel zu tun! Dann kann diese Sache doch schon ganz schön nervig sein.

Man kann sich allerdings dadurch helfen, daß man sich von Anfang an immer wieder klarmacht, daß im Leben mit einem Säugling nicht nur Zeit fürs Füttern und Wickeln da sein muß, sondern auch Zeit fürs Schlafenlegen.

Schlafenlegen ist kein Weglegen. Es ist ein Begleiten, eine Hilfe, den Weg zur Brücke in die Welt der Träume zu finden.

Kapitel 8

Die mit der tragenden Rolle, die Erwachsenen

Die Lust am Kind

In einem Buch über das Großwerden des Babys akzeptiert jeder fraglos, daß dieses die Hauptperson ist, und wenn in einem solchen Buch die Erwachsenen vergessen werden, fällt das weiter nicht unangenehm auf. Es ist dann höchstens die Rede davon, was die Eltern für das Baby tun sollen und können. Was das Baby für die Eltern tut, fällt unter den Tisch. Dabei ist das gar nicht so wenig.

Fangen wir mit einer besonders befremdlichen Sache an, mit der Lust am Baby.

Erst kürzlich habe ich es wieder erlebt. Ich stehe in einem Säuglingszimmer, nachdem ich bei der jungen Mutter Glückwünsche, Blumenstrauß und Strampelhose abgeliefert habe. Langsam nähere ich mich dem winzigen Menschlein im Bettchen. Da liegt es auf dem Bauch, der kleine Mund ein wenig verdrückt, ein winziges Näschen im Gesicht, die Händchen, die es im Schlaf ein wenig spreizt, ein Wunder an Winzigkeit.

Ich strecke zaghaft die Hand aus und fahre dem Kleinen mit einem Finger ganz zart über die Wange.

Wenn es doch mal aufwachen würde!

Da – es tut mir den Gefallen. Es rekelt sich, reibt Mund und Nase im Kissen und gibt Tönchen von sich. Die Mutter nimmt es hoch. Die Tönchen hören auf, und langsam blinzelnd öffnet das Kind die Augen. Es schaut mich an.

Schaut es mich wirklich an? Es geht mir durch den Kopf, daß Kinder in den ersten Monaten noch gar nichts scharf erkennen können.

Aber es schaut mich doch an! Und ich schaue zurück, und die

Wissenschaft von der Entwicklung der visuellen Wahrnehmung kann mir gestohlen bleiben.

«Darf ich es mal nehmen?»

Die Mutter legt mir freundlich lächelnd das Kind in den Arm. Leicht und schwer ist es, warm rollt der Kopf in meiner Armbeuge, und mit einer Hand kann ich den ganzen kleinen Po umfassen.

Ich weiß ja, wie das ist. Ich habe doch schon zwei eigene Kinder so im Arm gehabt. Es ist nicht die Neugierde, die mich da treibt, das Baby unbedingt halten zu wollen. Es ist einfach schön.

Und es ist ein Begrüßungsritual. Wer käme schon auf die Idee, einem Neugeborenen mit einem forschen «Angenehm!» die Hand zu schütteln?

Aber nach pädagogischem Sinn oder Unsinn frage ich jetzt gar nicht. Ich denke an mich. Ich habe einfach das Gefühl, daß das Kind erst dann richtig in meine Welt getreten ist, wenn ich es auf dem Arm gehabt habe.

Ich streichle ihm leicht mit dem Finger über die Oberlippe, da huscht ein Lächeln über sein Gesicht.

Wieder geht mir die Wissenschaft durch den Kopf. Ein «reflektorisches Lächeln». Mir gilt es nicht. Bestenfalls zeigt das Kind, daß es sich wohl fühlt.

Doch wieder ist mir die Wissenschaft egal. Mir wird es angenehm kribbelig und warm in der Magengegend, und ich lächle zurück.

Jetzt nehme ich das Baby hoch, die Hand unter dem Köpfchen, und lege es an meine Schulter. Aber nun wirft das Kind ruckartig den Kopf hin und her. Es sucht. Sucht nach etwas, was ich ihm nicht geben kann. Mit einem leichten Gefühl der Resignation gebe ich der Mutter das Kind zurück.

Ich kenne die Situation ja auch aus dem Blickwinkel der Mutter. Da gibt es verschiedene Typen von Besuchern. Zuerst kommen die mutigen Omas, die von ihrem unbestrittenen Recht ausgehen, ihr Enkelchen auf den Arm nehmen zu dürfen: «Jetzt darf ich doch auch mal!»

Da gibt es die Coolen, sie geben sich hilfsbereit: «Soll ich dir das Kind mal abnehmen?»

Und solche, die nur sehnsüchtige Blicke werfen und die ich dann frage: «Willst du mal?» – «Ja, wenn ich darf!»

Es gibt auch solche, die wirklich nicht wollen. Selten, aber es gibt sie. Aber wann immer jemand so zögernd vor meinen Babies stand, spürte ich nicht wirkliches Desinteresse, sondern eher eine übergroße Scheu vor dem unfaßlichen winzigen Wunder, was da vor ihm lag.

Es ist ganz offensichtlich. Ein Erwachsener genießt es, ein Baby auf dem Arm zu halten. Es ist so warm und lebendig, hat blanke Augen und ist von einer zärtlichen Schwere, gerade noch leicht genug, um nicht anzustrengen.

Ich jedenfalls, ich könnte mich an seiner Lebendigkeit betrinken!

Es gibt im Alltag immer wieder Szenen, über die sich ein hinreichend emanzipierter Zivilisationsmensch empört. Da beugen sich Nachbarinnen über den Kinderwagen und tätscheln das Baby. Da kraulen wildfremde Omas das Zweijährige unterm Kinn, und der fremdländisch aussehende Mann fährt freundlich lächelnd dem Dreijährigen durch die Haare.

Was haben nur diese Leute an meinen Kindern herumzufingern – so habe ich lange gedacht. Man soll doch auch Kinder für voll nehmen! An fremden Erwachsenen würde doch auch niemand herumtätscheln!

Dennoch denke ich inzwischen, daß diese Streichellust kein Ausbeuten der Kinder ist, die sich nicht dagegen wehren können. Strahlen sie nicht auf Erwachsene etwas aus, was signalisiert: «Bitte, faß mich an!»?

Und hat das nicht seinen tiefen Sinn?

Man kann sich doch leicht ausmalen, was mit einem Säugling geschehen würde, wenn kein Mensch Lust hätte, ihn auf den Arm zu nehmen. Diese Lust muß einfach geweckt werden, sonst würde das Baby nicht überleben.

Heute finde ich, daß viel zu viele Menschen in unserem Land «gut erzogen» sind und ihre vom Kind geweckten Bedürfnisse nach Kontaktaufnahme und Streicheln unterdrücken. In anderen Ländern gibt man sich da viel ungezwungener. Nicht nur in dem als kinderfreundlich sattsam bekannten Italien, auch in Rußland zum Beispiel, wo es ganz normal ist, fremde Kinder auf der Straße hochzunehmen.

Schon bei meinem ersten Kind habe ich voll Verblüffung festgestellt, wie seltsam es doch war, daß mir nichts wichtiger war als dieses unverschämte Bündel Mensch. Es verlangte nach Nahrung durch wüstes Geschrei, spuckte voll, was immer ihm vors Gesicht kam, kümmerte sich einen Dreck um seine Ausscheidungen, erwartete von mir höchste Rücksicht auf seine Gefühle und dachte selbst nicht im Traum daran, auf die meinen Rücksicht zu nehmen.

Und wer war dankbar?

Ich. Ich, wenn ich dieses Würmchen an mich drücken konnte und vor Glück Bauchschmerzen bekam.

Die Verhaltensforschung hat dafür natürlich auch eine Erklärung bereit. Die Sache mit dem «Kindchenschema» hat sich mittlerweile herumgesprochen, sie steht bereits in den Biologiebüchern für die Schule. Der runde, große Kopf, die hohe Stirn, die weit auseinanderstehenden Augen und die pummeligen Backen rufen beim Erwachsenen spontan das sogenannte «Pflegeverhalten» hervor. Das schaffen sogar kleine Tiere, die ähnliche Merkmale aufweisen. Man findet sie einfach «süß» und möchte sie unbedingt streicheln und auf den Arm nehmen.

Dieser Pflegetrieb wird durchaus nicht nur bei Erwachsenen ausgelöst. Schon kleine Kinder, sobald sie nur den Abstand zwischen sich und einem Säugling wahrnehmen können, beginnen mit einem unbeholfenen «Pflegeverhalten». Lena hat nur einen Gedanken, wenn die Rede auf ihr bald eintreffendes Geschwisterchen kommt: «Wenn das Baby rausgeschlupft ist, dann will ich es auf den Arm nehmen!» Nicht etwa mit ihm spielen, nein, sie will es «auf den Arm nehmen» – halten, tragen. Ob das damit zusammenhängt, daß sie selbst im Tragesitz groß geworden ist?

Es gibt sogar in unserer zivilisierten Welt, in der kaum noch natürliche Bedürfnisse unverzerrt wahrgenommen werden können, ein untrügliches Indiz dafür, daß es ein elementares Bedürfnis der Erwachsenen sein muß, einen Säugling am Körper zu halten. Das ist die Werbung.

Es gibt wohl kaum einen Bereich, in dem so gewissenlos Kenntnisse über die unbewußten Regungen der menschlichen Seele eingesetzt werden, um kommerziellen Profit daraus zu schlagen. Und diese unrühmliche Eigenart macht vor dem Anpreisen von Höschenwindeln und Babyshampoo nicht halt. Immerhin gibt es mit Babyartikeln eine Menge zu verdienen, und so wird die Suggestionsmaschinerie gezielt in Gang gesetzt – mit Bildern, die Mütter und, wenn auch seltener, Väter im Körperkontakt mit ihren Babys zeigen. Sogar Sparkonten sollen uns mit dem Kind im Tragetuch schmackhaft gemacht werden – hier trägt bezeichnenderweise der Vater das Kind! Die Fürsorge, die sich in engem Körperkontakt ausdrückt, soll gleich ins Sparbuch überschwappen.

Ich habe einmal in einer Elternzeitschrift gezählt. Von fünfzehn Anzeigen für Babyartikel inklusive des Dankeschön-Brillantrings, den der glückliche Vater seiner Frau schenken soll, zeigten zwölf das Kind in irgendeiner Form im Körper- oder gar Hautkontakt mit einen Erwachsenen. Die Gefühle, die in uns aufwallen, wenn wir ein Kind im Arm halten, sollen uns flugs zum Geldbeutel greifen lassen, denn um das Kind wirklich glücklich zu machen, braucht man doch unbedingt noch ...!

Ein anderer Bereich wird von der Werbung bekanntermaßen noch viel hemmungsloser zur Unterwanderung der Seelen benutzt: die Sexualität. Mit roten Lippen und (manchmal nicht nur) halb offenen Blusen wird vom Auto bis zur Zahnbürste so ungefähr alles verkauft.

Nun wird wohl keiner behaupten wollen, die Sexualität oder die Lust am Körper eines Kindes seien von Übel, weil sich die Werbung ihrer bedient. Was wäre das Leben (und wo wäre die Menschheit?), wenn es diese Lüste nicht gäbe, die Lust an der Erzeugung und die Lust an der Pflege des Nachwuchses.

Zeitweise kann die Lust des Pflegens sogar größer sein als die Lust des Erzeugens. Das hat schon so manches Elternpaar in Schwierigkeiten gebracht. Da ist die junge Mutter so erfüllt von dem zärtlichen Zusammensein mit ihrem Kind, daß sich der Vater plötzlich ins Abseits gedrängt fühlt. Aber auch das Gegenteil ist schon vorgekommen. Ich kenne einen solchen Vater, der, völlig vom Pflegetrieb erfüllt, nur noch das Kind versorgte, und die Mutter stand, sowohl der Pflege- wie der Zeugungslust verlustig, doppelt frustriert daneben.

Das Erlebnis, ein Baby ins Leben zu tragen

Was es für eine Frau bedeutet, Mutter zu werden, und für einen Mann, Vater zu werden, das ist eine Platte, die inzwischen so oft gespielt wurde, daß es keinen rechten Spaß machen würde, sie noch einmal aufzulegen. Jedenfalls nicht, wenn darauf wieder dieselbe Melodie zu hören ist. Allerdings, was das Thema angeht, das auf den meisten dieser Platten moduliert wird, müssen wir uns vergegenwärtigen, daß die Berichte fast ausnahmslos – die Bibel geht da mit gutem oder schlechtem Beispiel voran – über erstgeborene Kinder handeln. Wenn nämlich das erste Kind ins Leben von Mann und Frau tritt, ist die Veränderung ihres Daseins so einschneidend, daß schreibende Menschen zur Feder greifen und festhalten, was da mit ihnen, in ihnen und um sie herum geschieht.

Über das zweite Kind liest man dann kaum noch etwas. Die Initiation in den Status der Elternschaft hat bereits stattgefunden, und was sich jetzt ändert, ist so geringfügig, daß es die Mühe des Aufschreibens nicht lohnt.

Insofern ist mein Buch anders, meines ist ja – wenn ich es genau nehme – ein Buch über Lena, und die ist mein zweites Kind. Auch mich hat ja – ich beschrieb es eingangs – eine starke Veränderung in meinem Leben zum Schreiben gedrängt –, nicht die Verwandlung der Frau zur Mutter, sondern die Verwandlung der Mutter mit dem Kind *neben* sich zur Mutter mit dem Kind *an* sich.

Ich habe diese zweite Verwandlung als fast ebenso intensiv und einschneidend erlebt wie die erste, allerdings mit einem entscheidenden Unterschied: diese zweite Verwandlung war nicht begleitet von den Qualen des Baby-Schocks, sondern ich habe sie als ein Aufblühen nach der schweren Zeit erlebt, in der ich mir das Kind mit so großer Mühe vom Leibe gehalten hatte.

War das wirklich eine so große Mühe gewesen? Ist das nicht sehr übertrieben? Lebt nicht die Mehrzahl der Mütter so mit ihren Babies? Mag ja sein, vielleicht bin ich tatsächlich überempfindlich, aber dann möchte ich diese «Überempfindlichkeit» loben, denn sie hat mir zu wichtigen, guten Entdeckungen verholfen, die ich anders nicht gemacht hätte.

Ich fange meine Beschreibung an mit diesem Gefühl des warmen, weichen Körpers an mir. Die Winzigkeit. Das Vergnügen. Genossen hatte ich das von Anfang an. Aber es war ein Freizeitvergnügen gewesen. Eines, das ich mir besorgen, für das ich mir freie Zeit schaffen mußte – durch besseres Planen, schnelleres Arbeiten. Wenn ich etwas zu tun hatte, mußte ich das Kind von mir weglegen.

Und das war dann eben nie das «reine Vergnügen».

Und dann hatte ich, wie ich zu Beginn dieses Buches erzählte, den Entschluß gefaßt, mir das Kind anzuhängen.

Nun hatte ich es immer bei mir, rund und weich in meine Armbeuge gekuschelt oder wie ein lebendiger Rucksack auf meinem Rücken. Die Lust am Körper des Kindes: was früher das Aufnehmen von gelegentlichen Leckerbissen in geglückten Situationen war, keineswegs mit der Sicherheit, daß es so schmeckt wie erhofft, wurde nun zum untermalenden Orgelton unserer Beziehung.

Das veränderte alles zwischen Lena und mir. Diese Veränderung drang zunächst gar nicht unmittelbar in mein Bewußtsein, sondern betraf nur unbeobachteterweise mein Körpergefühl. Hätte ich mit dem Tragen gleich nach Lenas Geburt angefangen, ich bin sicher: das hätte sich angefühlt wie eine Fortsetzung der Schwangerschaft.

Auch so – obwohl die Geburt schon einige Zeit zurücklag – lebte ich nun als eine seltsame Mischung von zwei in einem. Was mich so verblüffte, war die Erkenntnis, daß ich mich in meiner Identität weniger zerrissen fühlte, wenn ich mich als zwei Körper durch die Welt bewegte, als wenn ich als ein Körper zwei Seelen zu befriedigen hatte.

Es wird oft unterstellt, Mütter, die ihre Babies im Tragetuch herumtragen, jagten irgendwelchen irrealen Verschmelzungsgefühlen nach. Ich habe das nicht so erlebt, und auch die meisten der Frauen, die mir geschrieben haben, fanden das Wort «Verschmelzung» viel zu pathetisch.

Es ist wirklich kein metaphysischer Zustand, in den man eintaucht, wenn man sich sein Kind umbindet. Das Wohlgefühl, das sich dabei einstellen kann, hat ja sehr handfeste Gründe.

o Erstens schreit das Kind weniger. Man muß seltener nach ihm sehen. Schon dadurch steigt die Zufriedenheit um etliche Grad.

o Zweitens kann man deshalb viele Dinge schneller und durch nichts unterbrochen erledigen. Das verschafft Erfolgsgefühle.

o Drittens spürt man sehr schnell, was das Baby will. Es gilt nicht mehr die Reihenfolge: 1. Schreien; 2. Hingehen; 3. Hochheben; 4. Rätseln – an der Windel riechen, den Suckeltest mit dem Finger machen, auf den Rücken klopfen, ob's ein festsitzendes Bäuerchen ist; 5. Maßnahmen ergreifen.

Ich fand schnell heraus, wie sich Lena anfühlte, wenn sie Hunger hatte. Sie fing dann an, mit dem Gesicht zwischen meinen Schulterblättern zu reiben und die Beine von sich zu strecken. Durch ein bißchen Auf- und Abwippen konnte ich sie oft noch ein wenig hinhalten, bis ich die Wäsche fertig zusammengelegt oder das Geschirr weggeräumt hatte, und dann ging's zur Sache.

Oder sie zog die Knie an und machte den Rücken steif. Das bedeutete: Unten will was raus! Da ich den Eindruck hatte, daß ihr das etwas Schwierigkeiten bereitete, wenn Tragetuch oder Tragesitz sich so stramm um ihren Po spannten, packte ich sie oft aus und hielt sie über das Töpfchen im Waschbecken ab. Das hat so manche Windel gespart. Und ich wundere mich inzwischen auch nicht mehr über Frauen im afrikanischen Busch, die ihre Kinder immer rechtzeitig von sich weghalten. Das Kind macht mit seinem ganzen Körper deutlich, daß da gleich was kommt!

Die Bäuerchen, die ein «abgelegtes» Kind quälen können, kamen natürlich in dieser aufrechten Haltung und bei der ständigen Bewegung ganz von selbst. Ich habe mich überhaupt nicht mehr darum gekümmert.

Und wenn sie einschlief, merkte ich, wie die Spannung in dem kleinen Körper nachließ und ihr Kopf wie ein schwerer Ball auf meinem Rücken hin und her rollte.

o Viertens konnte ich ganz direkt an ihren Gefühlsregungen teilnehmen, jedenfalls, wenn ich sie im Tragetuch auf der Hüfte hatte. Wenn wir einkaufen gingen, konnte ich sehen, wie sie auf Personen reagierte, die sich ihr näherten. Guckte sie etwas ängstlich, schloß ich einfach meinen Arm um sie, dann war die Sicherheit wieder hergestellt. Oder ich nahm den Arm ganz weg und lehnte meinen Oberkörper von ihr weg – dann saß sie freier und konnte unabhängiger von mir ihre Neugier befriedigen.

Gewiß, Nuancen. Der Arm um sie oder mein Oberkörper von ihr abgewandt machten vielleicht nur Zentimeter an tatsächlichem Abstand aus. Aber es fühlt sich anders an. Es ist eine Variante in dem ständigen Spiel von Trennung und Vereinigung, für uns beide ein Spiel mit unseren Körpern. Und je älter Lena wurde, um so häufiger stemmte sie sich von mir ab, um sich als unabhängig zu erleben. Ein Kind, das nicht im Tuch sitzen will, ist äußerst hinderlich. Es verlagert seinen Schwerpunkt ständig so, daß Tuch oder Sitz anfangen zu drücken und zu kneifen – die Willensäußerung ist unüberspürbar. Der Trennungsprozeß wird auch für die Mutter zu einem körperlichen Erlebnis.

Dazu kommt das Gewicht. Ich hatte zwar eigentlich kaum Schwierigkeiten damit, daß mir Lena zu schwer geworden wäre. Aber als die Phase kam, in der sie öfter von mir weg wollte, empfand ich es dann doch als Erleichterung, mich gänzlich ungehindert bewegen zu können. Das stundenlange Tragen war nun doch zu anstrengend, aber gleichzeitig auch überflüssig geworden.

o Und ich spürte noch etwas. Wenn ein Baby im Körperkontakt mit einem Erwachsenen Vertrauen entwickelt, scheint gleichzeitig auch der Erwachsene Vertrauen in das Kind zu entwickeln. Jedenfalls war das bei mir so. Ob das nun ausschließlich mit dem Körperkontakt zusammenhängt oder mit der größeren Ruhe, die man beim zweiten Kind ohnehin hat, oder mit dem, was ich über die Yequana bei Jean Liedloff gelesen hatte – das weiß ich natürlich nicht. Aber ich bin mir sicher, daß der Körperkontakt dabei zumindest eine Rolle spielt. Jedenfalls hatte ich keinerlei Angst um Lena, daß sie bei ihren Eroberungszügen irgendwelche Dummheiten machte.

Mein Gemütszustand, den ich beim Tragen hatte, nämlich die Gewißheit, daß mit dem Kind schon alles in Ordnung ist, änderte sich nicht, als sie öfter neben mir spielte oder auch von mir wegkrab-belte.

Das alte Gefühl der Zerrissenheit kehrte nicht zurück, obwohl wir jetzt öfter körperlich getrennt waren. Lena bestand auch nicht auf der ständigen Kontaktnahme, wie sie es als ganz kleines Baby neben mir getan hatte und wie Jan es jahrelang machte. War sie mit einem Topfdeckel beschäftigt, dann galt ihr Interesse eben dem Topf-deckel und nicht mir. Er war ihr nicht als Ablenkungsmanöver in die Hand gedrückt worden. Auch sie brauchte sich nicht zu zerreißen zwischen ihrer Neugier auf dieses Ding und ihrer Sehnsucht nach mir, denn sie hatte die Sicherheit: wenn sie wollte, konnte sie jeder-zeit zurückkehren.

Es gibt noch heute häufig Situationen, in denen ich mich fast selber über meine Unabhängigkeit von ihrem Körper wundere. Ich erlebe es immer wieder, daß Lena waghalsige Sachen unter-nimmt und vor allem anwesende Frauen Zustände kriegen vor Angst, was ihr alles passieren könnte. Z. B. schiebt sie sich gern zwei Stühle so zusammen, daß sie sich dazwischen mit den Armen abstützen kann, und dann schaukelt sie mit den Beinen hin und her. Natürlich kann es passieren und ist auch schon passiert, daß sie dabei mit den Armen einknickt und zwischen die Stühle fällt. Und natürlich: Das einzige Mal, bei dem sie sich wirklich weh ge-tan hat, geschah das ausgerechnet in Anwesenheit einer solchen ängstlichen Dame!

Aber mir macht so was keinerlei Bauchschmerzen, ich kann völlig ruhig dabei zusehen. Eine andere Frau erzählte mir, daß es ihr jedes-mal bis in die Fingerspitzen zuckt, wenn sie ein Kind stolpern sieht. Bei mir zuckt nichts, wenn Lena ein bißchen ins Wanken gerät. Das heißt natürlich nicht, daß ich in wirklich kritischen Situationen nicht schnell reagieren könnte und sie auffangen. Es heißt nur, daß ich mir nicht unnötige Sorgen mache.

Und das trägt wiederum zu meinem ganz persönlichen Wohlbefin-den bei, und zwar ganz erheblich! Es ist, als gäbe es jene Verbindung zwischen Lenas und meinem Körper nicht mehr, die *mir* einen Adre-nalinstoß verpaßt, wenn es bei *ihr* ein bißchen brenzlig wird. Die Erfahrung, daß das Kind von sich aus seinen Körper von meinem gelöst hat, hat in mir das Vertrauen geweckt, daß es nun auch allein mit ihm zurechtkommt.

Und das tut es auch.

Dieses Vertrauen in die körperliche Selbständigkeit des Kindes spiegelt sich auch wider in einer größeren emotionalen Unabhängig keit – nicht der Unabhängigkeit des Kindes von mir, sondern *meiner* Unabhängigkeit von ihm.

Wenn Lena brüllt, was natürlich auch vorkommt, geht mir das längst nicht so nahe, als wenn Jan brüllt, obwohl er drei Jahre älter ist. Das volle Ausschöpfen der Kommunikationsmöglichkeiten zwischen ihr und mir in ihrer Säuglingszeit hat mir das Gefühl gegeben, dieses Kind wirklich zu verstehen, weil ich offenbar imstande war, seine Bedürfnisse zu befriedigen. In bezug auf sie gibt es in mir nicht diese bohrenden Zweifel, ob hinter ihrem Gebrüll nicht vielleicht etwas anderes steckt, als was gerade der erkennbare Anlaß ist.

Wenn sie schreit, weil sie auf der Küchenarbeitsplatte sitzen will, auf der ich eben Salat putze, dann verstehe ich: sie sagt, daß sie hinauf will. Und dann verbiete ich es ihr, weil ich es nicht leiden kann, wenn mir die Kinder zwischen den Utensilien sitzen. Wenn sie dann immer noch schreit, ist es ihr Problem.

Kommt aber Jan mit demselben Anliegen und seiner sechsjährigen Hartnäckigkeit, überfallen mich tausend Zweifel, warum das Kind um Himmels willen bloß dauernd diese Zuwendung und Nähe sucht. Meine Umgebung versucht mir natürlich ständig klarzumachen, daß ich ihm gegenüber genauso cool meine Interessen durchsetzen müßte wie gegenüber Lena. Und wer immer das sagt, hat hundertprozentig recht. Aber dennoch helfen mir diese Ratschläge nicht, die Verquickung seiner Gefühle mit den meinen aufzulösen.

Und wenn ich so darüber nachdenke, dann weiß ich nicht genau, ob ich mir Lena aus einem Bedürfnis nach Nähe oder einem Bedürfnis nach Distanz heraus an den Körper gebunden habe. Aber was auch immer der Fall gewesen war: das Ergebnis ist, daß ich sie mir besser vom Leibe halten kann. Und das ist für uns beide ganz bestimmt nicht von Nachteil.

Wahrscheinlich lagen die Dinge so: Mir war die Unabhängigkeit meines Innenlebens wichtig, und die konnte ich mir dadurch verschaffen, daß ich Lena erlaubte, mich ganz buchstäblich zu «besitzen» und dadurch das beschriebene Ergebnis zu erreichen.

Aber wenn ich an die körperliche Befriedigung denke, die mir das Herumtragen gebracht hat, dann meine ich, daß zugleich auch ein Bedürfnis nach Nähe mit im Spiel war. Wenn wir spazierengingen, fragte mich Andreas oft, ob er sie mir nicht abnehmen sollte. Ich kann nicht behaupten, daß ich immer erleichtert gewesen wäre, wenn ich sie dann los war, und ich habe auch oft abgelehnt mit dem aufopfernden Satz: «Ist nicht nötig!»

Jetzt denke ich manchmal, daß wir beide nicht ehrlich waren. Er hätte ruhig sagen sollen: «Jetzt will ich auch mal!» Und dann hätte ich ihn nicht unter dem Mäntelchen der Opferbereitschaft um das bringen können, was ich selbst nicht missen mochte: die körperliche Nähe zu unserem Kind.

Kapitel 9

Leben mit dem Baby am Leib

Zuwendung geben oder Perspektive teilen

Nachdem ich das Leben mit dem Säugling so gestaltete, daß ich ihn häufig bei der Arbeit auf dem Rücken trug, fand ich mich plötzlich in den üblichen Schilderungen des Umgangs einer Mutter mit ihrem Kind nicht mehr wieder.

Was war das, was ich da tat? Eine Pflegehandlung war es gewiß nicht, ich spielte auch nicht mit ihm, ich streichelte es nicht, ich sang ihm nichts vor, ich schaute es sogar kaum an, überhaupt: ich beschäftigte mich nicht mit ihm. Im Mittelpunkt meiner Konzentration stand nicht das Kind, sondern meine Arbeit. Aber allein war es auch nicht. Und es spielte auch nicht mit seinem eigenen Körper, mit sich selbst.

Jedenfalls kam das, was wir da veranstalteten, in den Ratgebern nicht vor.

Was tat das Kind auf meinem Rücken eigentlich?

Es war ein Zuschauer in meinem Leben. Es hatte sich ungefähr dahin gesetzt, von wo aus ich die Welt betrachte, aufrecht und gut eineinhalb Meter über dem Boden. Und es sah nicht nur mir zu, was ich in dieser Welt tat, sondern auch der Welt, wie sie sich mir zeigte.

Es sah von oben auf den Tisch, auf dem ich Teller und Schüsseln verteilte, es schaute von oben in die Waschmaschine, in die ich seine Windeln stopfte, es sah der Briefträgerin direkt ins Gesicht, der ich etwas unterschreiben mußte, es sah vor seinen Augen den Pinsel auf und ab wandern, der die Fenster strich. Seine Welt bestand nicht aus Gitterstäben, Bauklötzen, Mobiles, Stuhl- und Tischbeinen und menschlichen Gesichtern, die weit über ihm ihre Kreise zogen, sondern aus allem, aus dem meine Welt auch bestand. Das Kind war zufrieden, der Körperkontakt bot ihm Sicherheit, und der Film, der da vor ihm ablief, war offensichtlich äußerst spannend.

Ich erinnerte mich an all die wohlformulierten Sätze in den Ratgebern, die die Eltern auffordern, ihrem Kind viel «Zuwendung» zu geben. «Zuwendung» war das ganz offensichtlich nicht, was unsere Lena da erlebte.

Ich nannte das, was wir da taten, nach einer Weile *Perspektive teilen*, und ich bin mittlerweile überzeugt, daß ein Kind das genauso braucht wie Zuwendung.

«Zuwendung»: das ist jede Art von Beschäftigung mit dem Kind, bei der man es *anschaut*. Füttern, streicheln, wickeln, scherzen, Dinge zeigen, mit Gegenständen oder seinem Körper spielen, vorsingen, Fingerspiele machen, baden. Diese Tätigkeiten sind völlig anderer Natur, als was der Erwachsene normalerweise macht, sie kreisen um das Kind.

Aber sie sind meist nicht vom Kind bestimmt. Der Erwachsene denkt sich aus, was jetzt auf dem Zuwendungsprogramm steht. Er wird zwar im besten Falle genau auf die Reaktionen des Kindes achten und das tun, was ihm Spaß macht und was es verkraften kann, aber er behält die Regie in der Hand. Das Kind kann ein Ende der Aktion nur dadurch erreichen, daß es offen Unmut zu erkennen gibt, nicht mehr mitmacht, sich abwendet, schreit. Und es kommt oft genug vor, daß der Erwachsene das nicht gleich versteht, es als Ablehnung empfindet oder glaubt, das Kind wolle nur etwas Abwechslung. Und dann wird die Programmnummer geändert.

Dabei will das Kind nur einfach nicht mehr. Es hat genug.

Ich erinnere mich, wie wir Jan, als er noch nicht drei Monate alt war, bei einem Besuch bei den Großeltern durch allerlei «Zuwendung» von seinem Geschrei abbringen wollten. Ich nahm ihn immer wieder an die Brust – es half nicht. Wir trugen ihn abwechselnd umher, sangen ihm vor, klopften ihm auf den Rücken – das Gezeter nahm kein Ende. Bis die Oma sagte: «Das Kind ist doch müde!» Ich legte ihn im Nebenraum in den Kinderwagen, und nach drei Minuten schlief er.

Körperkontakt hätte ihn wahrscheinlich auch zur Ruhe gebracht, aber daß wir so ununterbrochen auf ihn einredeten, verhinderte, daß er abschalten konnte. In unserem Wahn, ein unglückliches Kind brauche unbedingt Zuwendung, hatten wir sein Unglück nur noch gesteigert.

Ich hatte damals schon beobachtet, wie sehr es ein ganz kleines Baby anstrengt, seine Sinne auf ein «Du» zu richten. Ich glaubte,

Jan förmlich die Anstrengung anzusehen, die es ihn kostete, mich beim Wickeln und Baden anzuschauen, mein Mienenspiel wahrzunehmen und meiner Stimme zuzuhören. Nach kurzer Zeit glitt er wieder in sich hinein, und auf das nächste Lächeln mußte ich dann wieder eine Weile warten. Diese Wartezeiten wurden natürlich immer kürzer. Aber ich denke, auch ein älterer Säugling wird einfach überanstrengt, wenn die Erwachsenen ständig auf ihn starren und Reaktionen von ihm erwarten.

Gewiß: ein Baby will und muß sich ja mit Tonfall, Mienenspiel und Reaktionsweisen eines «Großen» vollsaugen – aber dann braucht es auch die Gelegenheit, die genossenen Reize zu verarbeiten.

Normalerweise bekommt es diese Gelegenheit auch, im Bettchen, auf der Decke. Aber da kommt zu seinem Bedürfnis, sich von den vielen Eindrücken zu erholen, eine neue Not hinzu. Es muß mit der Einsamkeit irgendwie fertig werden. Wieder kann es sich seiner Sache nicht völlig widmen, es bleibt ein Bodensatz von Gespaltenheit.

Nun will ich keineswegs behaupten, ein Baby brauche keine Zuwendung. Es wird in einer durchschnittlichen Familie auch kaum der Zustand eintreten, daß es keine bekommt. Allein beim Füttern und Wickeln wird es in der Regel viel angesprochen und angeschaut. Im normalen Tagesablauf kommt es immer wieder vor, daß Vater, Mutter oder Geschwister einfach Lust haben, sich mit dem Baby zu beschäftigen.

Dabei ist der vielbeschworene Blickkontakt ganz ohne Zweifel eine sehr wichtige Brücke zum Gegenüber und damit auch zum Selbst des Kindes. Indem es denjenigen anschaut, der sich da mit ihm beschäftigt, lernt es im Laufe der Zeit auch, sich selbst als ein ebensolches menschliches Wesen zu erkennen.

Aber dieser Blickkontakt muß nicht ununterbrochen sein. Häufig wird als Argument gegen das Tragen auf dem Rücken angeführt, daß man das Kind so nicht anschauen kann. Dem ist entgegenzuhalten: Man kann den Mangel an Körperkontakt, dem die meisten Babies hierzulande ausgesetzt sind, nicht durch ein Übermaß an Blickkontakt ausgleichen. Beides erfüllt verschiedene Funktionen in der Entwicklung des Kindes. Beides ist wichtig.

Wir tendieren allerdings dazu, den Blickkontakt überzubewerten und den Körperkontakt zu vernachlässigen. Wem das Tragen auf dem Rücken nicht genügt als Kommunikation mit dem Kind, dem ist wahrscheinlich einfach sein eigener Körger als Kommunikationsmedium nicht bewußt. Die über die Haut übertragenen Signale «gelten» nicht. Es «gilt» nur die Kommunikation von Auge zu Auge, von Mund zu Ohr, also die, die körperliche Trennung, Sich-Gegenüberstehen voraussetzt.

Wer sich klarmacht, daß ein Kind auf dem Rücken einfach eine andere Sprache zur Verständigung benutzt als Augen und Ohren, der muß auch nicht befürchten, es könnte sich dort einsam fühlen.

Das tut es wirklich nicht. Wäre es sonst so zufrieden? Und dann genießt es ja dort die Möglichkeit des «Perspektive-Teilens». Wieviel es sich dann an dem beteiligt, was um es herum vorgeht, bleibt ihm überlassen. Wenn es satt ist von Eindrücken, schläft es einfach ein. Es kann sozusagen in die Haut des Erwachsenen schlüpfen, solange es Lust dazu hat, es kann die Art beobachten, wie er mit den Dingen, den anderen Menschen und mit seinen eigenen Stimmungen umgeht, und dann kann es sich einfach dem bekannten Gefühl des Gewiegtwerdens hingeben und seine Antennen abschalten. Der Erwachsene braucht gar nichts dazu zu tun. Die Regie liegt in der Hand des Kindes.

Ich empfand das «Perspektive-Teilen» als die natürlichste Art für das Kind, in diese Welt hineinzuwachsen. Ich brauchte mich nicht klein zu machen, um dem Kind in einer künstlichen Kinderwelt «Zuwendung» zu geben, und das Kind wurde von der Erwachsenenwelt, die es neugierig beäugte, deshalb nicht überfordert, weil es an meinem Körper jederzeit in sein embryonales Schaukelgefühl zurückgleiten konnte und sich dort erholen.

Väter und Mütter

Es mag manchem aufgefallen sein, daß ich mal von der Mutter, mal von dem Erwachsenen rede, die das Kind an sich nehmen. Wer das Gefühl hatte, das sei einer gewissen Unsicherheit entsprungen, den hat dieses Gefühl nicht getrogen. Im Zeitalter der «neuen Väter» kann man einfach nicht mehr unbesehen alles, was den Umgang mit Kleinkindern angeht, stillschweigend den Frauen zuschieben. Frauen verlangen eine Beteiligung der Männer an der Kinderpflege, und Männer lassen sich nicht mehr widerspruchslos von dieser Erfahrung ausschließen.

Daß ich dennoch in diesem Punkt die Schwerpunkte etwas konservativ gesetzt habe, trotz des wiederholten Hinweises, daß andere

Erwachsene das Kind ebensogut tragen können, hat verschiedene Gründe.

Der erste liegt wahrscheinlich in meiner persönlichen Lebenssituation. Als Lehrerin (ohne Anstellung) habe ich zur Zeit. denkbar schlechte Aussichten, Arbeit zu finden, während mein Mann, auch Lehrer, auf Grund seiner Fächer noch im letzten Moment eine Stelle bekommen hat. Es bestehen so gut wie keine Aussichten, daß sich das in absehbarer Zeit ändert. Da wir außerdem noch ein altes Haus umbauen und Garten und Tiere zu versorgen haben, ist der Spielraum für Rollenexperimente in den letzten Jahren eher enger geworden. Natürlich greife ich genauso wie mein Mann zu Kreissäge und Wasserwaage, und er versorgt die Kinder, kocht und wäscht, aber die Zeitaufteilung weist eben doch mir vorwiegend Haushalt und Kinder und ihm den Beruf zu. Für optimal halten wir das nicht, aber die Alternative wäre das völlige «Aussteigen». Das kann man machen, aber wir leben dann doch lieber etwas konservativ als ganz «draußen».

Ein weiteres Moment, das bei meiner Sprachregelung eine Rolle spielte, waren die Briefe, die ich erhalten habe: Bis auf ganz wenige Ausnahmen wird auch in ihnen ganz fraglos der Mutter die Rolle als Hauptbezugsperson zugewiesen: Nur in zwei oder drei Briefen haben Männer sich beklagt, daß ich sie in dem Fragebogen nicht angesprochen habe.

Nun gibt es allerdings auch noch gewisse inhaltliche Gründe, warum ich dazu neige, im Zusammenhang von Körperkontakt mit dem jungen Säugling eher von der Mutter zu sprechen. Ich werde dadurch sicher den Zorn so manchen «neuen Vaters» und so mancher Feministin auf mich ziehen.

Ich hoffe aber, diesen Zorn durch die folgenden Vor-Bemerkungen wenigstens etwas mildern zu können.

So bin ich, den Väter sei's gesagt, ganz und gar nicht der Ansicht, daß man sie im Leben mit Kindern eigentlich nicht braucht. Nie wäre ich auf die Idee gekommen, ich könnte meine Kinder auch allein aufziehen. Daß es Mütter gibt, die das notgedrungen tun müssen, halte ich eher für bedauerlich, finde aber nicht, daß das in programmatischer Weise mit Emanzipation zu tun haben kann. Ich achte und respektiere die Arbeit und die Anstrengungen alleinerziehender Mütter, und ich glaube auch, daß es ihren Kindern sehr gutgehen kann, aber das Alleinerziehen als die «bessere» Lösung hinzustellen – wie es hier und da geschieht –, das geht mir denn doch ein ganzes Stück zu weit.

Und den Feministinnen sei gesagt: Ich bin, wie sie, der Ansicht, daß eine Frau nicht ihr Leben zwischen Bettenmachen und Kochtöpfen beschließen sollte. Ich bin, wie sie, der Ansicht, daß der ausschließliche Umgang mit Kindern irgendwann infantilisierend wirkt.

Ende der Vor-Bemerkungen.

Aber: Ich sehe die Crux weniger darin, daß die Mütter so stark in die Kindererziehung eingespannt sind, als darin, daß unsere Gesellschaft es ihnen so schwer macht, aus diesem Geschirr wieder herauszukommen – und zwar dann, wenn sie ihre Arbeit in dieser Rolle getan haben und diese Rolle sinn-leer geworden ist. Und ich sehe die Crux auch in der immer noch allgemein verbreiteten Erwartung an eine Mutter mit kleinen Kindern, es allein zu schaffen – nach dem Motto: «Wer Kinder hat, ist selber schuld.» Selbst die meisten Mütter sind davon auch heute noch zutiefst überzeugt. Wie sollten da die anderen anfangen, daran zu zweifeln? Welche Mutter wagt es schon, mal kinderlose Nachbarn zu bitten, einen Einkauf für sie zu übernehmen oder irgendwelche Pflichten beim Treppenputzen oder Straßefegen?

Wahrscheinlich würde sie tatsächlich für unverschämt gehalten werden.

Dieses Buch wäre nie zustande gekommen, wenn wir nicht mit Großeltern gesegnet wären, die einfach wissen, daß eine junge Familie manchmal Hilfe braucht und die Mutter auch mal den Freiraum, ihren Geist in Gang und die Schreibhand in Übung zu halten. Die Isolierung der Mütter entspringt nicht ihrer biologischen Funktion, sondern einer in verkrusteten Schablonen und Denk- bzw. Verhaltensschemata verfangenen Umwelt – nicht nur der Väter!

Ich halte es darum nicht nur für falsch, sondern auch für sinn- und nutzlos, diese «biologische Funktion» zu verteufeln. Im übrigen bin ich selbst mit zu großer Lust Mutter, als daß ich mich an einer solchen Diskussion glaubwürdig beteiligen könnte. Wenn Barbara Sichtermann schreibt, daß der Kinderwunsch auch ein «leibliches Bedürfnis» von Frauen sein kann, dann trifft das auf mich gewiß zu (Sichtermann 1983).

Ich bin – wie ich schon ausführlich dargelegt habe – der Meinung, daß die Wirkung biologischer Gegebenheiten nicht schlagartig in dem Augenblick aufhört, in dem das Kind den Muttermund passiert hat. Das heißt aber auch: Was sich nach der Geburt ereignet, ist nicht ausschließlich sozial zu erklären. Und so kann ich mich natürlich auch nicht mit dem Gedanken anfreunden, von nun an seien Vater und Mutter beliebig austauschbar.

Ich möchte als Mutter für mich auch in Anspruch nehmen dürfen, mich langsam von dem Kind abzunabeln, das da neun Monate lang in mir rumort hat. Ich will es nicht besitzen, nicht verschlingen, nicht festhalten, aber auch ich kann nur loslassen, wenn ich satt bin – wie das Kind.

Das Stillen bedeutet ohnehin eine Schwierigkeit für alle Paare, die sich fest vorgenommen haben, die Rollen von Anbeginn gleichmäßig zu verteilen. Gerade in der ersten Zeit ist der Rhythmus des Kindes meist noch so chaotisch, daß die Mutter sich fast nicht von ihm trennen kann, es sei denn, sie hat Milch abgepumpt oder der Vater füttert mal eine Flasche Pulvermilch. Aber beides, Abpumpen und Zufüttern, bringt in irgendeiner Weise das Gleichgewicht im Körper der Mutter durcheinander.

Ich habe das selbst hinreichend durchlitten. Die Brüste schmerzen und spannen, ein paar Stunden später sind sie total ausgenukkelt, und das Kind schreit erbärmlich, weil die Brust nicht regelmäßig geleert wird und entsprechend regelmäßig neue Milch bildet.

Ich bin nicht grundsätzlich gegen das Abpumpen, ich habe es oft genug selbst gemacht. Hin und wieder kann es wirklich sehr nützlich sein. Aber häufiger praktiziert, etwa um den Vater mehr einzubeziehen und die Mutter zu entlasten, bringt es meist nur Rhythmusstörungen und statt Entlastung Belastung der Mutter.

Dieser biologische Aspekt bedeutet – ob einem das nun paßt oder nicht – von vornherein eine größere Abhängigkeit des Kindes von der Mutter als vom Vater. Ich rechne es den «neuen Vätern» hoch an, daß sie noch nicht auf die Idee gekommen sind, sich gegen das Stillen auszusprechen. Dabei wäre es ohne Stillen wirklich so viel leichter für sie, sich gleichberechtigt zu fühlen.

Nun geht es hier ja weniger ums Stillen als um das Leben des Babys am Körper eines Erwachsenen. Kann das nicht genausogut der Vater sein?

Er kann es auch sein, ganz gewiß. Und dieser Körperkontakt kann ihm sogar einen Weg zum Kind öffnen, der dem des Stillens ähnlich ist.

Aber wenn es stimmt, daß die sogenannte «Exterogestation» etwa sechs bis neun Monate nach der Geburt uterusähnliche Bedingungen voraussetzt, hat das Kind vielleicht wirklich weniger Schwierigkeiten, sich am Körper der Mutter zu orientieren als am Körper des Vaters. Es braucht dann auch nicht bei Hungergefühlen den

Aufenthaltsort zu wechseln, das Gefühl der Konstanz bleibt unge-
störter.

Auch macht ihm die Körperlichkeit der Frau weniger Schwierigkeiten, es sei denn, der Mann ist sehr klein. Die Frau hat meist einen
schmaleren Rücken, und auf ihren Hüften kann das Kind besser
sitzen. Wenn Lena, als sie noch ziemlich klein war, ihrem Vater auf
den Rücken gebunden war, hing sie da wie ein Frosch und konnte
kaum irgendwo am Rücken vorbeischauen. Mich konnte sie schon
viel eher von hinten etwas umfassen und auch mal einen Blick über
meine Schulter werfen. Mit dem Tragetuch, in dem das Kind auf der
Hüfte sitzt, kam Andreas in Ermangelung einer solchen auch nicht
besonders gut zurecht. Am besten ging es bei ihm mit dem Tragesitz
auf dem Bauch.*

Wenn die Kinder dann größer sind, erledigt sich das Problem von
selbst. Der größere Körper des Mannes wird für das Kind faßbarer,
und da er meist auch noch die stärkeren Schultern hat, wechselt das
ältere Kind ganz automatisch öfter zum Vater.

Ich will den Vater nicht ausbooten. Aber vielleicht wird seine
Rolle wirklich dann erst wichtiger, wenn das Kind beginnt, sich der
Mutter-Kind-Dyade zu entwinden. Und das fängt ja bereits, zum
Trost der Väter sei's noch mal wiederholt, mit dem Sitzenlernen an.

Hermann Bullinger schreibt in seinem Buch ‹Wenn Männer Väter
werden›: «Vatersein ist nicht identisch mit Muttersein. Der Vater ist
nicht einfach eine männliche Mutter. Die Beziehung der Mutter zum
Kind ist in vielerlei Hinsicht davon geprägt, daß sie das Kind geboren hat. Ihre Beziehung zum Kind ist deswegen ein Prozeß der
schrittweisen psychischen Abnabelung. Die Beziehung des Vaters
zum Kind hat eine Nabelschnur nie gekannt. Er kann deshalb das
Kind leichter als die Mutter in seinem Autonomiestreben unterstützen» (Bullinger 1983, S. 245).

Psychisch und körperlich – läßt sich das in diesem Lebensabschnitt des Babys überhaupt unterscheiden?

Wenn aus dieser schrittweisen psychischen Abnabelung auch eine
schrittweise körperliche Abnabelung werden darf, dann bin ich mit
diesem Fürsprecher der neuen Väterlichkeit ganz einer Meinung.

---

* Nachtrag: Beim Lesen der Korrekturen ist meine jüngste Tochter Clara
schon zwei Monate auf der Welt. Und bereits mit vier Wochen paßte sie im Trage-
tuch-Rucksack wunderbar auf Papas Buckel.

Wenn das Tragen lästig wird

Jetzt habe ich Kapitel um Kapitel etwas getan, was mir an anderen Büchern äußerst mißfällt. Ich habe immer wieder von *dem* Baby, *der* Mutter, *dem* Vater gesprochen.

Das Baby, das gibt es natürlich überhaupt nicht. Es gibt allerhöchstens «die meisten Babies», und das eigene fällt dann in der Regel nicht darunter.

Noch viel weniger läßt sich verallgemeinern, was ich über die Erwachsenen gesagt habe.

Ich habe Tragetuch und Tragesitz als Möglichkeit zur Entlastung und Entspannung im Verhältnis zwischen Eltern und Kind dargestellt. Das trifft gewiß für viele zu, aber nicht für alle.

Ich kenne z. B. eine Frau, die auch einen Tragesitz benutzt, aber das Kind hält es nie lange darin aus. Spätestens nach einer halben Stunde fängt es an zu protestieren. Von anderen Personen dagegen läßt es sich etwas länger herumtragen. Ansonsten hat es ein sehr gutes Verhältnis zu seiner Mutter, wurde lange gestillt und machte keineswegs den Eindruck eines zu kurz gekommenen Kindes. Bei diesem Mutter-Kind-Paar führte der enge Körperkontakt offensichtlich eher zu Verkrampfungen als zur Entspannung. Über welche Kanäle wer hier wem zuerst signalisiert «Ich mag nicht mehr!» – das ist nicht festzustellen. Aber es ist gewiß gut, wenn sie sich auch nach dieser Erkenntnis richten. Denn es ist gewiß für die beiden nicht gut, aus theoretischen Überlegungen heraus Körperkontakte zu erzwingen, die beide nur überfordern.

Auch ich hatte zunächst Schwierigkeiten, die Form des Körperkontakts zu finden, die für mein Baby und mich ein befriedigendes Maß an Friedlichkeit im Zusammenleben bedeutete. Ich neige dazu, neue Ideen, die mir einleuchten, am besten seit gestern kompromißlos in die Tat umsetzen zu wollen. So war ich nach der Lektüre des Buches von Jean Liedloff zunächst einmal von der fixen Idee besessen, von nun an mein Baby 24 Stunden am Tag nicht mehr abzulegen.

Damit war meine erste Enttäuschung schon programmiert. Sie stellte sich auch schon nach wenigen Tagen ein: Ich schaffte es einfach nicht. Es kribbelte in mir, ich war nervös, weil ich nicht mehr für mich sein konnte, die Schultern schmerzten. Nun plagte mich auch noch das schlechte Gewissen. Dabei war Lena ganz zufrieden mit dieser Neuerung. Ich dagegen spürte schon, wie die Aggressionen, die ich vordem wegen ihres Geschreis gegen sie empfunden hatte, nur den Anlaß wechselten. Jetzt war ich nicht mehr angespannt, weil Lena mir die Ohren vollschrie, sondern weil ich mich nicht mehr recken konnte.

Langsam wurde mir klar, daß das nicht Sinn der Sache sein konnte. Ich mochte sie ja gern an mir haben, aber ich brauchte auch mal meinen Körper für mich. Die euphorische Prophezeiung Jean Liedloffs, daß Mütter, haben sie erst einmal mit dem Herumtragen ihrer Säuglinge angefangen, bald das Bedürfnis verspüren, diesen Kontakt rund um die Uhr aufrechtzuerhalten, trat bei mir nicht ein. Dennoch habe ich oft einen starken Wunsch verspürt, Lena an mir zu tragen. Oft haben wir es so Stunden um Stunden miteinander ausgehalten, mir hat das in der schon geschilderten Weise zu einem ganz neuen Alltag verholfen, und Lena ist dabei zu einem wirklich ausgeglichenen Kind herangewachsen.

Aber ich bin schließlich selber kein «getragenes» Kind. Meine Mutter war sicher sehr liebevoll und behutsam, und ich sehe auch daran, wie sie mit meinen Kindern umgeht, daß sie «gute Hände» hat, aber ich habe doch viele, viele Stunden in Bett und Ställchen verbracht. Das war damals so. Und wenn ich an die Tiere denke, die als Mütter im Grunde nur das praktizieren können, was sie selbst von ihrer eigenen Mutter erfahren haben, dann wundert es mich nicht, daß ich mich nicht von heute auf morgen in eine Original-Indianermutter verwandeln konnte.

Im Gegensatz zu den Tieren bin ich als Mensch zwar in der Lage, mein Verhalten über Einsicht zu ändern, aber die Programmierungen meiner Körpergefühle kann ich nicht so leicht per Beschluß aufheben. Und zu dieser Programmierung gehört auch diese Gewöhnung an körperliche Trennungen, daß ich ein gewisses Maß an Für-mich-Sein einfach brauche, um nicht aus dem Gleichgewicht zu geraten.

Das war eine schmerzhafte Erkenntnis für mich, weil ich doch so schrecklich überzeugt war – theoretisch! Aber die Praxis forderte ihren Tribut.

Ich sagte mir schließlich, daß das Kind sicher mehr davon hat, herumgetragen zu werden, wenn es wach ist und so das «Perspektive-Teilen» wirklich auskosten kann, als auch noch die Schlafenszeit an mir zu verbringen, um dann schließlich auf einem Nervenbündel von Mutter zu hängen. So legte ich sie, oft mitsamt dem Tragesitz, ins Bett, wenn sie eingeschlafen war. Und wenn sie wieder aufwachte, wurde sie versorgt mit Brust und frischer Windel und wanderte wieder auf meinen Rücken. (Anmerkung nach Claras Geburt: Sie kann ich 24 Stunden an mir haben, ohne daß es mir zuviel wird, vielleicht weil ich mit dem «Ablegen» gar nicht erst angefangen habe.)

Später spielte sie dann auch neben mir, bis sie keine Lust mehr hatte, und wurde erst dann wieder umgebunden bis zum nächsten Einschlafen.

Andere Mütter machen es umgekehrt. Sie lassen das Kind am Körper schlafen, weil es dort länger und besser schläft, und setzen es ab, wenn es wach und zufrieden ist. Das ist auch ein Weg. Lena gehörte nun nicht zu den Kindern, die zwangsläufig schreien, wenn sie im Bettchen liegen, darum fand ich die geschilderte Aufteilung für unseren Fall sinnvoller. Aber so etwas muß jeder selber herausfinden.

Wenn es Mütter gibt, die ihr Kind den ganzen Tag bei sich tragen können, dann sollen sie es tun, solange auch das Kind Spaß daran hat.

Andere tragen das Kind gerne bei Einkäufen oder Spaziergängen, aber im Haus ist es ihnen zu lästig.

Wieder andere benutzen beim Einkaufen lieber den Kinderwagen, weil sie das Eingekaufte gleich mit hineinpacken können, tragen das Kind aber im Haus viel auf dem Arm. Da gibt es (fast) so viele Möglichkeiten, wie es Kinder und Mütter gibt. Ich denke, es kommt vor allem darauf an, sich klarzumachen, daß Tragetuch und Tragesitz eben *nicht* nur ein gut zusammenfaltbares Transportmittel für ein Baby sind, sondern, viel weitergehend, auch sein *täglicher Aufenthaltsort* sein können.

Bis zu welchem Grade man selbst in der Lage ist, dem Kind diesen Aufenthaltsort anzubieten, muß jeder für sich selbst entscheiden. So unnötig es ist, auf den Körperkontakt zu verzichten, weil man glaubt, er schade dem Kind, so unheilvoll ist es, wenn man sich selbst zu etwas zwingt, wozu man keine Lust hat. Einer verkrampften, mißmutigen Mutter auf dem Rücken zu hocken, ist für das Baby bestimmt viel belastender, als von einer ausgeglichenen aus einiger Entfernung angelacht zu werden.

Es braucht sich auch niemand an mir das schlechte Beispiel zu nehmen und, so wie ich anfangs, wegen unvollständiger Erfüllung der Ansprüche ein schlechtes Gewissen zu entwickeln. Obwohl das ja auch so eine von diesen Sachen ist, die man selbst nicht völlig in der Hand hat. Wenn das schlechte Gewissen will, dann kommt es, und plötzlich ist es da ...

Dennoch hier noch einmal: Die Programmierungen unseres Körpers sind nicht durch plötzliche Entschlüsse aus einem bestimmten

Anspruch oder «Leistungswillen» heraus einfach zu überfahren. Wer Widerstände dagegen empfindet, ständig in Berührung mit einem anderen Menschen zu leben, der sollte das ernst nehmen. Vielleicht kann er, wenn er das wirklich selber möchte, solche Widerstände langsam und behutsam aufbrechen. Aber jeder Zwang, auch der selbstauferlegte, produziert Aggressionen, die all das Gute, das dem Baby auf die Art zugute kommen soll, wieder zunichte machen.

Man sollte die Lust am Körper des Kindes ausleben. Wohlgemerkt: Lust – und das ist gewiß das Gegenteil des fast gleichlautenden Wörtchens Last!

Kapitel 10
Tragehilfen, Kinderwagen, Bettprobleme

Es spricht sich so schön von Körperkontakt und Körpergefühl. Es kann einem geradezu so warm ums Herz werden, wie wenn man von Liebe und Zuwendung liest. Nicht daß einer meint, ich würde womöglich genau den Fehler machen, den ich anderen so übel angekreidet habe, und die Tips zur praktischen Umsetzung vergessen.

Wer sein Kind am Körper tragen will, kommt kaum ohne eine Tragehilfe aus. Es gibt auch Frauen, die nichts brauchen. Deren Geschicklichkeit bewundere ich.

Ich empfand schon allein das Windelpaket als echtes Hindernis, mein Kind über längere Zeit auf der Hüfte sitzen zu lassen. Denn da muß es schon hin, wenn man mit der anderen Hand noch etwas tun will. Das Windelpaket verschiebt den Schwerpunkt des Kindes so weit über den Hüftknochen hinaus, daß es immer wieder abrutscht.

Im heißen Sommer 1982 habe ich Lena manchmal ohne Windel getragen. Das fand ich sehr schön. Ich hatte das Gefühl, daß unsere Körper ohne dieses Stoffbündel zwischen Lenas Beinen vollkommen aufeinander abgestimmt waren. Ich brauchte wenig Kraft, sie zu halten, und sie hatte Halt und Bewegungsfreiheit zugleich.

So etwas ist nicht jedermanns Sache; denn die Angst vor dem Angepinkeltwerden kann einem schon den Spaß daran verderben. Aber wer sein Baby schon ein bißchen kennt und ungefähr merkt, wann es «kommt», der wird schon rechtzeitig reagieren und kann es folglich riskieren, sich mal das Vergnügen mit dem nackten Baby auf der Hüfte zu gönnen.

Aber für den normalen Alltag wird man sich doch nach einer Tragehilfe umsehen.

Tragehilfen

Es gibt grundsätzlich drei Möglichkeiten, die einem das Tragen des Kindes erleichtern: das Tragetuch, den Tragesitz und die Rückentrage. Wir haben alles benutzt, jeweils zu verschiedenen Anlässen.

Das *Tragetuch* ist simpel in seiner Konstruktion, aber es erfordert Übung bei der Benutzung. Es wird daher nicht jedem ohne weiteres zusagen. Der *Tragesitz* dagegen ist so einfach zu handhaben, daß niemand damit Schwierigkeiten haben dürfte. Für die *Rückentrage* gilt das auch, allerdings ist diese erst für etwas ältere Kinder geeignet und eher für das Spazierengehen als für den Gebrauch im Hause gedacht.

Fangen wir mit dem Schwierigsten, gleichwohl auch Interessantesten und zum Schluß auch Befriedigendsten, an, mit dem *Tragetuch*. Es ist ein ziemlich langer, etwa 50 bis 60 cm breiter Stoffstreifen, der durch einen Knoten zu einer Schlinge gebunden wird, in der das Kind dann sitzt. Dazu kann man nicht jeden beliebigen Stoff verwenden. Er muß so gewebt sein, daß er sich gut in der Diagonale verzieht, aber dennoch in keiner Richtung ausleiert. So sehr ich im allgemeinen dafür bin, auf teure Spezialprodukte zu verzichten und lieber selbst zu Nadel und Faden zu greifen, muß ich in diesem Fall doch dazu raten, ein solches Tuch zu kaufen, auch wenn es nicht ganz billig ist. Ich streife viel durch Stoffgeschäfte, aber mir ist noch kein Stoff als Meterware unter die Finger gekommen, der sich als Babytragetuch geeignet hätte. Ich habe mir einmal aus Gardinenstoff eines selber genäht – es saß ganz miserabel.

Tragetücher bekommt man in Fachgeschäften für Babyausstattung oder bei «Didymos» (Adresse am Ende des Buches). Die im Handel erhältlichen sind etwas billiger, aber die Auswahl an Mustern und Größen ist eingeschränkter als bei Didymos. Und auf die Größe sollte man besonders achten, wenn man das Tuch auch über dem Wintermantel oder an einem kräftigen Vater benutzen will! Die Tücher sind auch nach dem Säuglingsalter als große Schals oder bunte Decken noch gut verwendbar und ziemlich unverwüstlich.

Mit einem einzigen Tuch kann man das Kind auf die verschiedensten Arten tragen:

o Der ganz junge Säugling kommt sinnvollerweise in die «Wiege» vor dem Bauch (siehe Foto S. 124 oben). Dabei ist sein Kopf gut gestützt, wenn man mal mit beiden Händen etwas anderes anfaßt. Es gibt sogar Mütter, die es fertigbringen, sich diese Wiege mitsamt dem Kind auf den Rücken zu befördern.

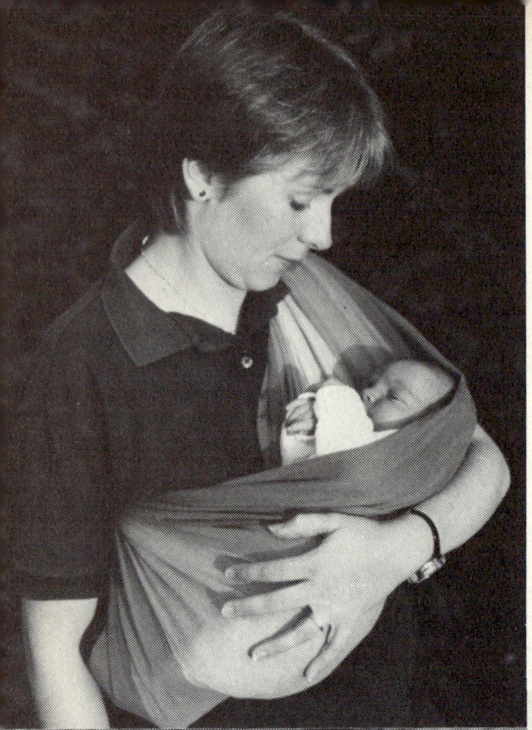

Links die «Wiege» für die ganz Kleinen, unten links der «Rucksack» für ein größeres Kind – die Arme sind frei gelassen –, daneben der «Rucksack» für ein Kleines – das Tuch wurde über der Schulter zur «Wurst» gedreht; für die beiden Rucksack-Versionen benötigt man ein Tuch mindestens der Größe II, besser noch Überlänge.

Genauere, bebilderte Bindeanleitungen sind in dem Buch der Autorin «Schwangerschaft, Geburt und erstes Lebensjahr» (rororo 8519) zu finden.

e oberen beiden Fotos zeigen die
etrische (links) und die asymme-
sche (rechts) Trageweise. Bei der
metrischen Trageweise sind hier
Arme freigelassen. Einem kleine-
ind kann man das Tuch bis in den
Nacken ziehen.
Unten: Ein größeres Kind –
so kann es herumturnen!

Bezugsquelle für die hier
gezeigten Tücher:
DIDYMOS/Erika Hoffmann
ferstraße 30, 7140 Ludwigsburg
Tel.: 07141/52115

o Wird das Kind etwas älter, möchte es meist von selbst in die Senkrechte. Man kann es dann entweder symmetrisch vor den Bauch binden (siehe Foto S. 125 oben links) oder schon asymmetrisch in Richtung Hüfte (siehe Foto S. 125 oben rechts). Das richtige Sitzen auf der Hüfte klappt allerdings erst dann, wenn das Baby Kopf und Schulter selbständig halten kann (siehe Foto S. 125 unten). Eine sehr praktische Art, das Kind auf dem Rücken zu tragen, zeigen die Fotos auf S. 124 unten. (Man braucht dazu allerdings unbedingt ein Didymos-Tuch Größe II; noch besser Überlänge bestellen.)

Aber wie stellt man es nun an, das Kind ins Tuch zu bugsieren? Bei allen Tragarten außer dem Rucksack wird das Tuch zuerst zu einer Schlinge verknotet. Man hängt sich diese Schlinge so um den Oberkörper, daß der Knoten ungefähr in der Mitte des Rückens liegt und das Tuch über eine Schulter und an der anderen Seite unter der Achsel durchgezogen ist. Nun legt man sich das Kind bäuchlings auf die freie Schulter, faßt von unten durch die Schlinge und «fädelt» so das Kind ins Tuch. Das Tuch sollte jetzt seinen Po gut umspannen. Die Oberkante des Tuches, die noch etwas locker hängt, wird dann über die «Trageschulter» heruntergezogen.

Der Unterschied bei der symmetrischen Tragart vor dem Bauch besteht darin, daß man die Schlinge nicht unter der Achsel durchzieht. Nach der Placierung des Kindes im Tuch wird die lockere Kante des Tuches über beide Schultern gespannt. Diese Methode habe ich selbst nie ausprobiert. Weil beide Schultern in ihrer Bewegungsfreiheit eingeengt sind, ist sie meiner Meinung nach bestenfalls zum Spazierengehen geeignet. Jedenfalls, soweit es die Frauen betrifft. Was Männer angeht, so ist der symmetrischen Tragart deshalb der Vorzug zu geben, weil hierbei die Hüfte als Stütze für das sitzende Kind keine Rolle spielt. Bei der asymmetrischen Trageweise belastet das ganze Gewicht des Kindes allein eine der beiden Schultern.

Wenn das Kind schon selbst gut sitzt, kann man es nicht mehr ganz problemlos von oben ins Tuch schaffen. In diesem Fall bietet sich an, das Kind auf einen Tisch zu setzen, sich die Schlinge umzuhängen, dann dicht an das Kind heranzugehen und ihm die Schlinge über Kopf und Rücken bis unter den Po zu streifen. Dann zieht man das Kind an sich heran, bis es gut im Tuch sitzt, und zieht die Kante(n) über die Schulter(n).

Es ist ganz sinnvoll, wenn man das Kind das erste Mal im Tuch hat, daß eine zweite Person den Knoten etwas nachzieht, bis das Tuch rundum schön stramm sitzt.

Beim «Rucksack» wird das Tuch jedesmal neu geknotet. Zumindest machte das die Frau so, die mir diese Methode gezeigt hat. Vielleicht geht es auch anders. Sie legte das Tuch ausgebreitet auf den Tisch und den Säugling genau in die Mitte, den Stoff unter dem Po etwas reichlicher als am Kopf. Am Kopf muß man das Tuch so weit hochziehen, wie es der Körperbeherrschung des Säuglings entspricht. Auf dem Bild auf S. 125 unten sind sogar die Arme freigelassen, aber bei einem jüngeren Säugling müßte das Tuch eventuell bis über den Kopf gezogen werden. Dann nahm sie die beiden Enden und drehte jedes etwa in Schulterhöhe des Babys schräg nach oben zu einer dicken Wurst. Dabei drehte sie immer nach innen, auf das Baby zu. Dann stellte sie sich mit dem Rücken davor, zog sich die «Würste» über die Schulter, bis das Kind saß, kippte dann ihren Oberkörper nach vorn, daß das Kind bäuchlings auf ihrem Rücken lag, und führte die beiden «Würste» um ihre Schultern herum unter den Po des Kindes, wo sie sie verknotete – immer noch in vornübergebeugter Haltung. Dann zog sie noch ein bißchen den Stoff um den Po des Kindes fest und richtete sich auf. Ich habe das dann auch probiert, es saß wunderbar. (Nach Claras Geburt habe ich herausgefunden, daß es auch geht, ohne das Tuch zur «Wurst» zu drehen.)

Mit meinem Känguruhsitz hatte ich es ja so ähnlich gemacht. Ich breitete ihn auf der Wickelkommode aus, steckte das Kind hinein, stellte mich rücklings davor, legte mir die Gurte über die Schulter und zog das Kind bis zum Sitzen hoch. Dann beugte ich mich vornüber, bis es auf meinem Rücken lag, kreuzte die Träger vor der Brust, zog sie durch die Ringe, die am Sitz angenäht sind, und verknotete sie vor dem Bauch. Ich fand die Methode sehr praktikabel, aber ich weiß von anderen, daß sie ihnen zu umständlich war.

Man braucht übrigens nicht zu fürchten, das Kind falle während des Verknotens vom Rücken. Lena hat immer mucksmäuschenstill gelegen, und auch der kleine Junge, der in den Tragetuchrucksack gepackt wurde, lag ganz ruhig. Wahrscheinlich ist es ein schönes Gefühl, so bäuchlings auf einem runden Rücken zu liegen, und bis das ausgekostet ist, sind die Knoten längst perfekt.

Das alles sind Worte. Für die Praxis ist es wohl am besten, sich die Benutzung des Tragetuchs von jemandem zeigen zu lassen. Bei Didymos gibt es eine Liste von Frauen aus der ganzen Bundesrepublik, die sich bereit erklärt haben, Anfänger in die Kunst des Knotens einzuführen. Aber auch wenn man niemanden findet, braucht man nicht aufzugeben. Selber herumprobieren bringt auch auf Ideen. So hat jene Frau, die mir den «Rucksack» vorführte, ihn selbst erfunden. Es waren zwar andere auch schon auf den Gedanken gekommen, aber es geht ja nicht um Patente. Solange Kind und Träger sich wohlfühlen und das Kind möglichst straff an den Körper gebunden ist, ist alles erlaubt.

Bei den *Tragesitzen* ist es in der Regel einfacher. Wem die geheime Logik sich schräg verziehender Stoffbahnen unheimlich ist, der hat mit ein paar Schnallen und Druckknöpfen vermutlich weniger Schwierigkeiten. Da den käuflichen Sitzen Gebrauchsanweisungen beigegeben sind, verzichte ich hier auf genauere Schilderungen. Aber auch beim Tragesitz sollte man das Experiment nicht scheuen. Unser Känguruhsitz war auch nicht als Rückentrage gedacht, wir haben das einfach ausprobiert. Und es ging.

Das Tragetuch hat gegenüber den Tragesitzen etliche Vorteile, aber auch gewisse Nachteile.

Die *Vorteile* des Tragetuchs sind einmal, daß über den fest um den Babykörper gespannten Stoff sich die Bewegungen des Erwachsenen weich und massierend übertragen. Das Kind hängt nicht wie in einem Sack, sondern ein bißchen wie in einer «Hautfalte», der Kontakt ist optimal. Und je nachdem, wie entwickelt das Kind in seiner Körperbeherrschung ist, kann man es ganz einhüllen und stützen oder mehr und mehr seines Körpers frei lassen, bis es wirklich nur noch wie in einem Höschen sitzt. Das Tuch wächst mit von den ersten Tagen bis zum vierten Lebensjahr, was man übrigens berücksichtigen sollte, wenn einem die Preise so schrecklich hoch vorkommen.

Die *Nachteile* des Tragetuchs liegen in der schwierigen Handhabung und der Tatsache, daß man doch bei den Tragarten in seiner Bewegungsfreiheit etwas eingeschränkt wird, bei denen das Tuch breit über eine oder gar beide Schultern gezogen wird. Bei meinen Versuchen, mit dem Säugling im Tuch Betten zu machen oder Wäsche aufzuhängen, bin ich gescheitert und habe dann zum Känguruhsitz gegriffen. Mit dem ging's. Die Idee mit dem Rucksack kannte ich damals noch nicht und habe sie daher nicht ausprobiert. (Anmerkung nach Claras Geburt: Es geht gut!) Beim Spaziergehen und Einkaufen fand ich das Tuch kuscheliger und angenehmer als den Sitz.

Das Tuch hat noch einen weiteren Nachteil. Sinnvollerweise sollte es für eine bestimmte Tragart über längere Zeit geknotet bleiben (ausgenommen der «Rucksack»), weil es immer etwas umständlich ist, den Knoten in die richtige Lage zu bringen. Dann paßt das Tuch aber nur an die Person, für die es gerade zurechtgeknotet ist, oder an eine mit ähnlichem Körperbau. Wollen sich Vater und Mutter beim Tragen abwechseln, fängt es an, schwierig zu werden, sofern nicht jeder sein eigenes Tuch hat.

Das Problem gibt's bei den Tragesitzen nicht.

Im Juli 1983 hat die Stiftung Warentest eine Reihe solcher Tragehilfen vorgestellt und getestet (S. 52 f). Wer sich diesen Test zu Gemüte führen will, der sei allerdings etwas gewarnt. Er gibt wohl einen ziemlich umfassenden Überblick über das, was erhältlich ist, aber die Kriterien zur Beurteilung sind doch zu sehr den Testreihen für Bügeleisen oder Schreibmaschinen entnommen.

Was z. B. eine Korrosionsprüfung bei ein paar Steckschließen soll, ist mir unklar.

Und wie man es fertiggebracht hat, bei zwei verschiedenen Tragetüchern in der orthopädischen Beurteilung auf verschiedene Ergebnisse zu kommen, ist mir noch unklarer. Schließlich hängt beim Tuch alles vom Knoten ab, und für den zeichnet der Hersteller schließlich nicht verantwortlich.

Dasselbe gilt für die Sicherheitsprüfung. Im Tuch sitzt das Kind gerade so sicher, wie der Träger es schafft, es festzubinden. Das kann von «sehr gut» bis «mangelhaft» gehen. Das kategorische «Zufriedenstellend» im Test ist irreführend.

Drei wichtige Kriterien fehlen vollständig bei der Beurteilung:
– ob der Beutel gut waschbar ist und auch schnell trocknet, denn man braucht ihn schließlich dauernd;
– ob er mitwächst und
– ob man ihn auch auf den Rücken binden kann.

Ich habe mit dem Baby-Björn-Känguruhsitz gute Erfahrungen gemacht. Er ist ohne Umrüstungen brauchbar für ein Kind von sechs Wochen bis zwölf bis achtzehn Monate, je nach Körpergröße, gut waschbar und problemlos auf dem Bauch und dem Rücken zu tragen. Er ist auch von Personen mit unterschiedlichem Körperbau zu benutzen, ohne daß etwas daran verändert werden müßte – jedenfalls unser Modell, das inzwischen sechs Jahre alt ist. Dabei werden die Tragegurte einfach verknotet. Die neueren Modelle haben wohl eine Steckschließe, die man verstellen muß.

Wenn ich Lena damit auf dem Rücken trug, mußte ich laut Gebrauchsanweisung die Gurte auf der Brust kreuzen. Dadurch zeichneten sich meine Brüste stark ab, was ich zwar in Kauf genommen habe, was mich aber immer auch gestört hat. Erst nachdem die ganze Tragerei ein Ende hatte, entdeckte ich, daß man die Gurte dabei genausogut gerade wie Rucksackgurte über die Schulter ziehen kann. Die Schultergurte habe ich übrigens durch Einnähen von Gurtbändern verstärkt, sie schnitten dann nicht so ein.

Besonders bequem zu tragen ist meiner Erfahrung nach auch noch der «snugli», sowohl auf dem Bauch als auch auf dem Rücken. Aber es handelt sich dabei um ein Monstrum mit mengenweise Abnähern und Druckknöpfen, und er ist sehr warm für das Kind. Für ein «Winterkind» sicherlich gut, im Sommer wäre er mir nicht luftig genug.

Die von mir genannten drei zusätzlichen, von der Stiftung Warentest nicht berücksichtigten Kriterien werden sicherlich auch von Tragesitzen anderer Fabrikate erfüllt werden. Das habe ich nicht nachgeprüft. Wer einen Tragesitz kauft, sollte das – soweit möglich – selbst nachprüfen oder in Erfahrung zu bringen suchen.

Auch in einigen anderen Punkten darf man nicht zu genau nehmen, was die Stiftung Warentest da präsentiert. Der Mann z. B., der als Vater Modell steht und einen Teil der Tragesitze vorführt, steht steif herum wie ein Stock. Man hat das Gefühl, er weiß nicht einmal, daß das ein Baby ist, was ihm da jemand umgebunden hat. Allein der Anblick ist schon zum Abgewöhnen. Und wenn die Überschrift vom Ganzen auch noch heißt «Für Kinderwagen kein Ersatz», dann kann man sich an den fünf Fingern abzählen, was für eine Einstellung dahintersteckt.

Weil das den Testern in Berlin offensichtlich auch nicht so ganz klar war, hier noch einmal der nachdrückliche Hinweis: Wichtig bei allen Tragehilfen ist, daß sie stramm festgebunden werden. Dann verteilt sich das Gewicht besser, d. h., beim Erwachsenen schneidet es an den Schultern weniger ein und beim Kind gibt es keine Belastung der Wirbelsäule (siehe dazu auch den Abschnitt «Orthopädie»).

Die *Rückentragen* aus Metallrohr mit Stoffsitz werden interessant, wenn das Kind ein bis drei Jahre alt ist. Sie lassen dem Kind mehr Bewegungsfreiheit, sind allerdings von der Gewichtsverteilung her für den Erwachsenen ungünstiger, weil der Schwerpunkt des Kindes weiter weg vom Rücken des Trägers liegt. Wir haben unsere Kiepe aber trotzdem sehr häufig benutzt, als Jan und Lena im entsprechenden Alter waren. Sie konnten auch im dicken Mantel darin sitzen, und ich fand es im Einkaufsgewühl immer noch praktischer, sie zu tragen, als in der Karre zu schieben. Auch auf längeren Wanderungen haben wir sie abwechselnd so getragen. Bei Haus- und Gartenarbeit fanden wir das Gestell allerdings sehr hinderlich. Aber es wird ja ohnehin erst für Kinder benutzt, die schon laufen können. Bei der Arbeit trägt man sie dann sowieso kaum noch.

Vielen ist beim Tragen im Tuch oder Tragesitz die Temperatur ein Problem. Sie fürchten, das Kind würde zu kalt. Natürlich ist es im Tragesitz mit einer einfachen Ausfahrgarnitur nicht getan, die nur aus Jäckchen und Mützchen besteht. Es muß schon etwas für die Beine hinzukommen. Ich habe schon für Jan eine Art Sack mit Beinen und Kapuze genäht, aus Wolle und mit Teddystoff gefüttert. Wir haben ihn auch im dicksten Winter darin herumgetragen, und er war nie kalt.

Es gibt ja auch noch die Möglichkeit – vor allem, wenn das Kind noch sehr klein ist –, es einfach unter den eigenen Mantel zu nehmen. Dann ist zwar die schlanke Silhouette ramponiert, aber dem Kind ist garantiert warm und kuschelig. Ich habe das mit beiden Kindern oft so gemacht.

Eine Bekannte erzählte davon, was ihr widerfuhr, als sie ein paar Wochen nach der Entbindung mit ihrem Kind unter der großen Strickjacke durch ein Kaufhaus ging.

Hinter sich hörte sie jemanden sagen: «Na, das ist wohl bald soweit!»

Und als die Leute sie überholten, kam es ganz überrascht: «Oh, es guckt ja schon oben raus!»

Eine andere Möglichkeit ist, eine warme Decke um das Kind zu schlagen und festzubinden oder -zustecken. Zu manchen Tragesitzen werden sogar passende Capes angeboten, die das Kind zusätzlich einpacken.

Wenn man bedenkt, daß sogar Eskimos ihre Babies auf dem Rücken tragen, nackt unter dem Anorak der Mutter, dann dürften eigentlich auch wir nicht vor ein paar Minusgraden kapitulieren.

So mancher hat auch eine Scheu vor dem ständigen Herumtragen, weil die Babies doch hin und wieder spucken, und Milchflecken im Pullover sind verständlicherweise nicht jedermanns Sache. Manche Tragesitze haben aus diesem Grund ein festknöpfbares Lätzchen vor dem Gesicht des Babys, eine gute Idee. Wer ein Tragetuch benutzt oder einen Sitz ohne Lätzchen, der kann sich ja eines umbinden oder dem Kind eine zusammengefaltete Windel vor den Kopf stecken. Oder man nimmt die Sache so lässig wie jene Frau, die mir sagte: «Meine Mäntel haben alle hinten einen Milchfleck. Das macht sie wasserdicht!»

Das Argument, das am häufigsten gegen das Herumtragen von Säuglingen angeführt wird, ist die Befürchtung, es könnte der Wirbelsäule des Kindes schaden. Es ist auch dieser Zweifel, der sich am bohrendsten bei Eltern festsetzen kann, die ihr Kind ganz gerne tragen wollen. Alle anderen Einwände – das Baby würde überreizt, man käme ja zu nichts, das Kind würde sich im Kinderwagen doch viel wohler fühlen etc. – kann man schließlich selber und an Ort und Stelle überprüfen. Aber ob auf das arme Kind nicht in dreißig Jahren tückische Rückenschmerzen lauern, weil man es als Säugling herumgeschleppt hat – wie soll man das wissen?

Zunächst gibt es ein simples Erfahrungsargument dagegen. All die Leute, die bei uns geplagten Rückens bei den Orthopäden sitzen, haben als Baby mit größter Wahrscheinlichkeit treulich auf dem Rücken gelegen. Und all die Afrikanerinnen, die erhobenen Hauptes ohne jegliche Beschwerden ihr Kind auf dem Rücken tragen, haben ihre Babyzeit selbst auf dem Rücken ihrer Mutter verbracht. Die meisten sogenannten Naturvölker, die ihre Kinder mit sich herumtragen, sind doch darauf angewiesen, daß all ihre Mitglieder körperlich voll einsatzfähig sind. Es ist kaum anzunehmen, daß sie Säuglingspflegepraktiken beibehalten hätten, bei denen reihenweise Menschen mit Haltungsschäden heranwachsen würden.

Aber besser ist sicherlich, das Problem medizinisch anzugehen. Was viele Leute am Anblick eines Babys im Tragetuch erschreckt, ist sein runder Rücken. Wenn ein Erwachsener so sitzen würde, hätte er in der Tat einen Wirbelsäulenschaden. Aber wie man die krummen Beine des Babys nicht zu wickeln braucht, damit sie gerade wachsen, braucht man auch den Rücken nicht vor der Zeit zu strecken, zu der er sich selber strecken will. Immerhin hat der Säugling viele Monate lang rund zusammengerollt in sogenannter «Totalkyphose» im Mutterleib verbracht. Es ist eine laienhafte Vorstellung, wenn einer meint, nach der Geburt sei die Streckung des Rückens das einzig Richtige. Die Doppel-S-Form der Wirbelsäule bildet sich erst ganz allmählich im Verlauf des allgemeinen motorischen Fortschritts des Babys heraus.

Zuerst will das Baby schauen – es hebt den Kopf. Die Halswirbelsäule richtet sich auf und bildet die sogenannte «Halslordose» (siehe Skizze). Dann lernt das Kind, selbständig den Oberkörper aufrecht zu halten. Die Wirbelsäule streckt sich aus der Totalkyphose heraus, bis das Kind mit völlig geradem Rücken sitzen kann. Die Lordose,

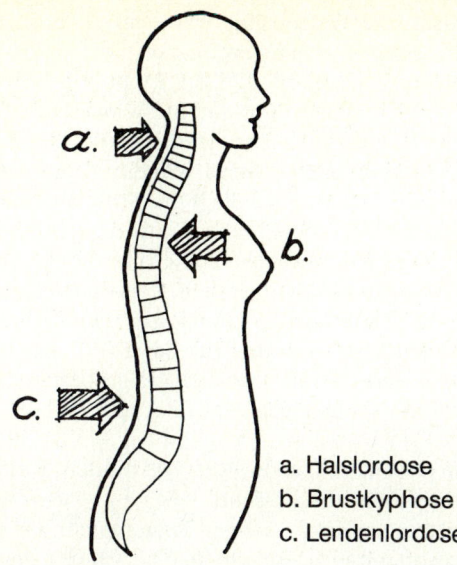

a. Halslordose
b. Brustkyphose
c. Lendenlordose

also die eingezogene Rundung im Kreuz, bildet sich dann, wenn das Baby anfängt, sich zum Stehen hochzuziehen. Dabei kippt das Becken leicht nach hinten, und das Doppel-S ist perfekt.

So gesehen ist eher das Liegen im Bettchen unphysiologisch, weil dort die Streckung der Wirbelsäule nicht durch sich entwickelnde Muskelkraft bewirkt wird, sondern durch die Schwerkraft, der das Kind in den ersten Monaten noch nichts entgegenzusetzen hat. Natürlich übt das Kind im Bettchen auch seine Muskeln, vor allem wenn es dann sitzen lernt, aber es gibt zumindest keinen Grund, warum man die gebeugte Haltung des kleinen Babys verhindern sollte, solange man es nicht über die Zeit hinaus zu dieser Haltung zwingt.

Die Tragehilfen sind meist so konstruiert, daß sie entweder für ein älteres Kind, das seinen Oberkörper schon selbst halten kann, gar nicht mehr taugen, oder sie halten das Kind dann nur noch um die Hüfte herum, so daß es den Oberkörper frei bewegen kann (siehe Foto S. 125 unten).

Eines sollte man allerdings tatsächlich vermeiden: daß die Wirbelsäule des Kindes gestaucht wird. Im Mutterleib schwamm es ja im Fruchtwasser, die Wirbelsäule war zwar rund, aber nicht belastet. Die Bedingung der «Schwerelosigkeit» ist außerhalb des Mutterleibs nicht mehr gegeben. Da die Doppel-S-Form noch nicht ausgebildet ist, können Gewicht und Stöße nicht über das federnde S abgefangen werden, sondern treffen voll die Bandscheiben. Diese Gefahr besteht nicht, wenn wir ein Tragetuch oder einen Tragesitz benutzen. Denn dabei liegt der Stoff wie eine Stütze rund um den ganzen Körper, so daß eine Belastung der Wirbelsäule vermieden wird. Vermieden werden sollte allerdings, ein Kind in die Rückentrage zu setzen, bevor es sich selbst aufrecht halten kann. Die Rückentrage bietet diesen Ganzkörperhalt nicht, sondern bildet eigentlich nur einen «Stuhl» für das Kind. Bei allen anderen Tragehilfen nimmt der straff um das Kind gespannte Stoff an jeder Stelle Gewicht auf und nicht nur am Po, die Wirbelsäule ist entlastet.

Und darum nochmals also der Rat: fest binden! Keine Angst, das Baby wird schon nicht zerquetscht.

Für die Hüften des Kindes ist das Tragen nicht nur ungefährlich, sondern geradezu nützlich. Bei einem Neugeborenen sind die Hüftpfannen, in denen sich der Kopf des Hüftgelenks bewegt, noch nicht richtig ausgebildet. In manchen Fällen sind sie so flach, daß die Gelenkkugel immer wieder nach oben herausrutscht und an dieser Stelle keine richtige Knochenkappe gebildet wird. In der Spreizhaltung, die die Beine des Kindes automatisch einnehmen, wenn es an den Körper eines Erwachsenen gebunden ist, drückt der Gelenkkopf genau im richtigen Winkel in die Mitte der Pfanne, die so am besten darin unterstützt wird, eine Wölbung auszubilden, die den Gelenkkopf voll umschließt. Auch hier findet etwas statt, was für einen Erwachsenen äußerst unbehaglich aussieht, für ihn auch wirklich unbequem und schädlich wäre, aber der Physiologie eines Säuglings bestens angepaßt ist.

Tatsächlich kommen in Ländern, in denen es üblich ist, daß die Säuglinge der Mutter auf den Körper gebunden werden, Hüftluxationen äußerst selten vor.

Das heißt aber nicht, man könnte sich unbesehen darauf verlassen, daß ein getragenes Kind auf jeden Fall ein gesundes Hüftgelenk entwickelt. Eine solche Sicherheit gibt es natürlich nicht. Besteht der Verdacht auf einen angeborenen Hüftschaden, sollte man das ernst nehmen und notfalls auch eine Röntgenaufnahme und eine Spreizhose akzeptieren. Ein Allheilmittel gegen jede Art von Hüftluxation ist das Herumtragen nicht. Aber es unterstützt die Behandlung auf jeden Fall, und bei einem gesunden Säugling kann man um so sicherer sein, daß er kräftige Hüftgelenke entwickelt.

Aber es geht ja nicht nur ums Baby. Auch der Erwachsene hat einen Rücken und ein Paar Schultern, die bei der Kinderschlepperei bedacht sein wollen.

Es ist ein Unterschied, ob man über die Reibung der Kleidung und den gut verteilten Druck das Kind mit dem ganzen Oberkörper trägt, oder ob das ganze Gewicht auf zwei Punkten auf der Schulter hängt, und zwar gerade an der «weichen» Stelle zwischen Hals und Schultergelenk. Auch darauf sollte man bei der Anschaffung einer Tragehilfe achten. Modelle mit zusätzlichem Taillengurt und der Möglichkeit, die Träger auch über Kreuz zu benutzen, verteilen das Gewicht des Kindes so gut, wie es bei einem Tragesitz geht. Das Tragetuch bietet in dieser Hinsicht die beste Möglichkeit, das Gewicht möglichst flächig zu verteilen, vorausgesetzt, daß der Knoten gut gebunden ist.

Nun ist häufig die Rede von den Rückenschmerzen, die den Erwachsenen befallen, wenn er sich das Kind umbindet.

Manche reagieren mit Schmerzen, wenn sie das Kind auf dem Bauch tragen. Viele von diesen werden beschwerdefrei, wenn sie sich das Kind auf den Rücken binden. So können sie es stundenlang aushalten.

Wie kommt das?

Man muß sich die Wirbelsäule als einen Turm von lauter Ringen vorstellen, die durch eine Art elastische Kissen, die Bandscheiben, beweglich übereinander gelagert sind. In dem Hohlraum, der durch die Ringe gebildet wird, verläuft das Rückenmark, der dicke Nervenstrang, der die Impulse aus dem ganzen Körper sammelt und zum Gehirn führt. Dieser Nervenstrang verzweigt sich, es treten jeweils zwischen zwei Wirbeln Nervenbahnen aus dem Rückenmark aus, um die umliegenden Körperteile zu versorgen.

Wird nun der «Turm» aus Einzelwirbeln so stark zusammengedrückt, daß der Puffer, den die Bandscheibe bildet, den Abstand zwischen den Wirbeln nicht mehr halten kann, können an dieser Stelle austretende Nerven eingequetscht werden – und ganz scheußlich weh tun. Das geschieht natürlich nicht nur durch übermäßigen Druck, sondern die Bandscheiben nutzen sich im Laufe der Jahre auch ab und verlieren dabei ihre Elastizität.

Die Nervenenden treten vor allem an der Rückseite des Wirbels aus. Dabei kann es nun auch passieren, daß sie nicht nur auf Grund mangelnder Pufferfähigkeit der Bandscheibe eingequetscht werden, sondern wenn der Rücken zu stark in einer Richtung gebogen wird, wird die Bandscheibe an einer Seite stark zusammengedrückt, auf der anderen dagegen kaum belastet.

Stellen wir uns nun vor, jemand trägt sein Kind auf dem Bauch. Die Last zieht ihn nach vorn. Um das auszugleichen, lehnt er sich etwas zurück. Die Lordose der Lendenwirbelsäule, also die Krümmung im Kreuz, wird verstärkt. Der Druck, der an dieser Stelle ohnehin stärker auf der Hinterseite der Bandscheibe liegt, wird noch verstärkt, und unter Umständen werden auch hier austretende Nervenbahnen beeinträchtigt. Dazu kommt, daß beim Gehen Erschütterungen durch diese Krümmung im Kreuz aufgefangen werden, die den Druck an dieser Stelle noch zusätzlich verstärken. Das kann ein Erwachsenenkörper natürlich im Prinzip auffangen, aber wer ein bißchen empfindlich ist oder sein Kind sehr lange so trägt, dem kann es halt schon passieren, daß sein Kreuz irgendwann streikt.

Das Tragen auf der Hüfte mit dem Tragetuch hat den Nachteil der asymmetrischen Belastung, aber den großen Vorteil, daß ein großer Teil des Gewichts direkt über den Hüftknochen und das Hüftgelenk in die Beine geleitet wird. Die empfindlichen Bandscheiben haben nur den Teil des Gewichts zu verkraften, der über das Tuch an die gegenüberliegende Schulter abgegeben wird. Zudem biegt man, um das Gewicht auszugleichen, die Wirbelsäule nicht nach hinten, sondern zur Seite. Die nach hinten austretenden Nerven bleiben also unbelästigt. Wer ein Kind ohne Tragehilfe trägt, wird es sich auch meist auf die Hüfte setzen. Dann ist der Anteil, den die Wirbelsäule an der Last zu tragen hat, noch geringer, denn das Kind wird durch den Arm nur vor seitlichem Abrutschen geschützt, ansonsten sitzt es mit dem ganzen Gewicht auf der Hüfte.

Wieder anders sieht es aus, wenn man das Kind auf dem Rücken trägt. Um nicht nach hinten zu kippen, wird man sich leicht nach vorn beugen. Die Lordose im Kreuz wird abgeschwächt. Die empfindlichen Stellen, an denen Nerven gequetscht werden können, werden eher entlastet. Darum führt das Tragen auf dem Rücken viel seltener zu Rückenschmerzen als das Tragen auf dem Bauch.

Es hat auch noch einen weiteren Vorteil, allerdings für das Kind. Beugt man sich, z. B. bei der Arbeit, nach vorn, wird Tragesitz oder Tragetuch auf dem Rücken nur noch ein wenig fester um das Kind gespannt, und je mehr man sich der Waagerechten nähert, um so eher liegt das Kind bäuchlings auf dem Rücken des Erwachsenen, als daß es im Tuch «sitzt». Beugt man sich aber nach vorn, wenn das Kind auf den Bauch gebunden ist, lockert sich der Tragesitz, das

Kind «sackt» ein wenig in sich zusammen – auf seine eigene Wirbelsäule.

Das ist natürlich im Einzelfall auch nicht dramatisch. Man sollte jetzt keineswegs aus Angst vor eventueller Wirbelsäulenstauchung das Kind nicht mehr vor den Bauch binden. Denn was z. B. den Blick- und Sprechkontakt angeht, ist das Kind auf dem Bauch besser aufgehoben als auf dem Rücken. Nun wird man beim Spazierengehen, wenn man auch Zeit hat, sich mit dem Kind zu unterhalten, sich ohnehin nicht weit vorbeugen. Und bei der Arbeit, wenn man sich öfter vorbeugt, hat man meist auch nicht das Bedürfnis, dem Kind ständig tief in die Augen zu schauen. Und man kann leichter etwas tun, wenn man nicht immer um das Kind herumgreifen und über es hinwegsehen muß.

Wenn man sich ein bißchen darüber im klaren ist, was da mit den eigenen und den Knochen des Kindes eigentlich passiert, wenn man es, sei's nun vorn oder sei's hinten, trägt, kann man auch sicherer entscheiden, wo man es im Einzelfall nun hinpackt. So manche Mutter hat das Tragen wieder aufgegeben, weil sie es nur vor dem Bauch probiert und sich dabei arge Rückenschmerzen eingehandelt hat. Hätte sie es doch wenigstens einmal mit einem Versuch auf dem Rücken gewagt!

Kinderwagen und Kinderbett

Nach alledem – muß man nun auf Kinderwagen und Kinderbett gänzlich verzichten?

Man muß nicht. Man kann.

Mancher Mutter erscheint der Kinderwagen unentbehrlich, weil sich darin so schön der Einkauf verstauen läßt. Es ist in der Tat äußerst anstrengend, mit umgebundenem Kind auch noch Einkaufstaschen zu schleppen. Wir haben, um dem zu entgehen, einen Einkaufsroller benutzt statt des Kinderwagens und das Kind weiterhin getragen. Wir ersparten uns dadurch die blöde Entscheidung: sollen wir nun das Baby im Wagen vor dem Laden stehen lassen oder doch lieber mit Kinder- und Einkaufswagen durch den Supermarkt schieben? Der Einkaufsroller läßt sich bei den meisten Einkaufswagen vorne anhängen wie eine Tasche. Zu größeren Einkäufen müssen wir mit dem Auto fahren. Das würde jedes Mal bedeuten, den Kinderwagen zu verstauen, da bliebe in unserem kleinen Auto kaum

noch Platz für das Eingekaufte. Nun muß man ja große Wochenend-
einkäufe nicht unbedingt mit dem Säugling machen. Aber mit der
Kombination Tragetuch plus Einkaufsroller kann man es – ein
Stückchen Freiraum mehr.

Für eines allerdings ist der Kinderwagen schwer zu ersetzen: für
ein Schläfchen im Freien. Man kann den Wagen bequem an eine
schattige Stelle fahren, das Kind ist vor Wind geschützt, und man
kann bei großer Mückenplage auch gut ein Tuch darüber hängen.
(Bloß keine Mücke einsperren!)

Das fahrbare Untergestell unseres Baby-Swingers, der Sicherheitsschale im Auto, habe ich auch noch auf andere Art nutzbrin-
gend verwandt. Ich habe die Wanne mit der feuchten Wäsche dar-
aufgestellt und mich so, das Kind auf dem Rücken, mühelos an der
Wäscheleine entlanggearbeitet, ohne mich ständig bücken zu müssen. Von anderen weiß ich, daß sie den Wäschekorb direkt in den
Kinderwagen stellen zum selben Zweck.

Prinzip: die Räder unter die Sachen, nicht unters Kind!

Aber auch hier gilt: lieber gutgelaunt den Kinderwagen schieben,
als mißmutig und mit schmerzendem Kreuz das Kind herumschlep-
pen. Davon haben beide, Mutter und Kind, mehr!

Auch für den begeisterten Baby-Träger kommt irgendwann die
Stunde der Wahrheit, der Tag, an dem das Kind wirklich und endgültig zu schwer geworden ist. Nun könnte es ja auf seinen eigenen
Beinen hinter dem Erwachsenen herlaufen, so wie das Indianerkind
hinter der Indianermutter durch den Urwald zockelt. Aber nicht
immer werden wir die Zeit und Geduld aufbringen, die dazu nun
einmal nötig sind. Manchmal *muß* es einfach schnell gehen.

Ich benutze dann (immer noch) einen Buggy. Man kann viele Einwände gegen diese Karre anführen. Der Rücken wird ungenügend
gestützt, die Räder sind zu klein und starr, darum ist die Federung
schlecht, das Kind hat zu wenig Bewegungsfreiheit, es sitzt zu tief
inmitten der Auspuffgase. Die Einwände sind alle berechtigt.

Aber mitten in den Automief sollte man sich, wenn irgend mög-
lich, mit seinem Kind ohnehin nicht begeben. Und darüber hinaus
denke ich, wenn man ein Zweijähriges im Buggy von Geschäft zu
Geschäft kutschiert und es in den Geschäften laufen läßt (oder auch
mal zwischendurch), dann bleiben die aufgezählten Nachteile ohne
Auswirkungen für das Kind. Etwas anderes wäre es, wenn man ein
Kind, das gerade sitzen, aber noch nicht laufen kann, über größere
Strecken im Buggy führe. Nein, das ist auf jeden Fall zu vermeiden.
Die älteren, so ab eineinhalb Jahren, hingegen finden die Buggy-

Kutscherei lustig, und sie sind schon kräftig genug, um die orthopädischen Unzulänglichkeiten des Gefährts unbeschadet zu überstehen.

Was macht es dabei schon, daß die Kinder die für sie vorgesehene Blickrichtung korrigieren: Wenn Lena in den Buggy steigt, setzt sie sich in den seltensten Fällen richtig hin, sondern sie kniet und schaut *mich* an anstatt die «schöne weite Welt». Die Blickrichtung bei den Buggys ist nach vorn, von der Mutter weg, und bei den meisten Modellen auch nicht zu verändern. Wahrscheinlich handelte der Konstrukteur in der Annahme, daß jeder Mensch, und sei er noch so klein, am liebsten vorwärts schaut. An den Bedürfnissen der Kinder handelte er damit haarscharf vorbei. Sie brauchen den Blick auf das vertraute Gesicht, um in der vorbeiziehenden, sich rasch verändernden Welt eine Konstante zu haben. Ob vorwärts oder rückwärts – das ist für sie noch absolut nicht spannend.

Als jemand, der das kleine Kind auch unterwegs viel vor dem Bauch oder auf der Hüfte getragen hat, fällt einem noch etwas anderes auf, was den Buggys fehlt. Oft nämlich habe ich den Buggy so nach hinten gekippt, daß Lena ganz flach lag und ich ihr ins Gesicht schauen konnte. Die Gewohnheit, mit ihr zu reden, war stärker als die Technik des Gefährts, die eine Unterhaltung eigentlich unmöglich macht. Es ist wirklich manchmal ein bedrückender Anblick, wenn eine Mutter, stumm geradeausstarrend, ihr dumpf vor sich hinbrütendes Kind durch die Straßen schiebt.

Wer erwägt, einen Buggy anzuschaffen, weil er eben trotz allem praktischer ist als die von der Blickrichtung her variablen Sportwagen, der sollte nach dem TOP-Buggy von Perego fragen. Das ist meines Wissens im Augenblick (Frühjahr 1985) der einzige Faltsportwagen, in dem das Kind dem Erwachsenen zugewandt sitzt. Er hat zudem den Vorteil, daß das Kind nicht mehr in Auspuffhöhe sitzt, sondern deutlich höher.

Und nun zum Bett. Aus dem Abschnitt über das Schlafen ging ja schon hervor, daß Eltern, die sich auf größere körperliche Nähe mit ihrem Kind einlassen, auch viel Zeit mit ihm im Bett verbringen werden, und das wohl kaum in einem 60 × 140 cm großen Kinderbett mit Gitter drumherum. Also wandern die meisten Kinder dann ins Bett der Eltern aus.

Wir waren zu dem Zeitpunkt, an dem ich schließlich restlos genug davon hatte, stundenlang singend am Gitterbett des Söhnchens zu sitzen, mit einem 1,40 m breiten Bett ausgekommen. Aber als wir dann zu dritt darin lagen, haben wir es auf 2 m erweitert. Das ist eine

Möglichkeit. Die Breite des Bettes ist kein Naturgesetz, man kann es verändern. Wenn mir Eltern sagen, es ginge nicht, daß ihre Kinder bei ihnen im Bett schlafen, es sei einfach zu schmal, dann denke ich, es wäre ehrlicher zu sagen, daß sie das nicht wollen. Es ist keine Schande, wenn man die Nacht für sich braucht.

Ich glaube, ich habe mittlerweile so ziemlich alle Gefühlslagen durchgemacht, die auftreten können, wenn die Kinder im Bett der Eltern schlafen. Das ging vom vorbehaltlosen Genießen bis zur totalen Ablehnung, und zwar immer abwechselnd!

Als Jan klein war, hat es Andreas und mir nichts ausgemacht, wenn er bei uns schlief. Er war auch nicht aus der Ruhe zu bringen, wenn wir unseren Lüsten frönten. Als wir umzogen (er war zwei-dreiviertel), stellten wir sein Gitterbett gar nicht erst auf. So mancher Besucher hat seinen Blick erstaunt durch die Wohnung schweifen lassen, das Kinderbett suchend.

Aber als dann Lena auch noch ins Familienbett einzog, ging das nicht lange gut. Jan, der bislang sehr ruhig geschlafen hatte, lag nun Nacht für Nacht quer, auf einem von uns mit dem Kopf, den anderen kräftig in die Seite tretend. Das Geschwisterchen hatte ihn aus der Ruhe gebracht. Aber darum mußten *wir* uns ja nicht unbedingt um die Ruhe bringen lassen.

Jan begann nun öfter davon zu sprechen, daß er ein eigenes Bett haben wolle. Als nun der Zeitpunkt gekommen schien, daß er nicht mehr das Gefühl haben mußte, von Lena aus unserer Mitte verdrängt worden zu sein, bekam er ein ganz normal großes eigenes Bett. Aber das hieß noch nicht, daß er von Stund an auch darin geschlafen hätte. Er brauchte schon einige Zeit, um es in Besitz zu nehmen. Aber es hatte gegenüber einem Kinderbett den Vorteil, daß sich jederzeit einer von uns dazulegen konnte, was ihm den Übergang sehr erleichterte. Noch heute kommt er oft am Morgen noch auf ein halbes Stündchen zu uns ins Bett, und das finden wir auch sehr schön.

Lena hat mit dem Gitterbett fast gar keine Bekanntschaft gemacht. Ich hatte es zwar eine Weile aufgestellt, und sie fand es auch für allerhand brauchbar, aber zum Schlafen nicht. Für sie kam der Sprung ins eigene Bett, als wir einmal für eine Mutter mit Kind, die uns besuchten, Matratzen im Kinderzimmer ausbreiteten. Als sie wieder abgefahren waren, fand Lena es großartig, «Neles Bett» als ihres zu übernehmen. Es war auch breit genug, daß sie zusammen mit Jan dort schlafen konnte. Inzwischen ist Jans Bett wieder aus dem Kinderzimmer verschwunden, die beiden schlafen zusammen auf diesen Matratzen in einer schön kuschelig eingerichteten Ecke.

Es wäre ein halber Roman, wollte ich noch ausführlicher die verschiedenen Nutzungsstadien unserer diversen Schlafstätten beschreiben. Was wichtig dabei ist: daß man ein bißchen herumprobieren sollte. Dann finden sich schon die Lösungen, bei denen alle zufrieden sind und gut schlafen können.

Für uns hat sich folgendes dabei herausgestellt: Wenn das Baby noch sehr klein ist, schläft es am besten bei der Mutter oder dem Vater. Bei der Mutter ist die Brust ein bißchen näher, aber bei Vater auf der Brust liegt sich's auch nicht schlecht. Dennoch würde ich nicht gerne ganz auf die Wiege oder das Körbchen verzichten. Manchmal möchte man sich doch gerne etwas freier räkeln, dann ist das Extra-Bettchen im Schlafzimmer nicht zu verachten. Ich fand es auch tagsüber ganz angenehm, wenn Lena schlief, sie in ihr Bettchen zu legen. Dann konnte ich ungestört unsere Betten machen oder mal einen Wäschekorb daraufstellen.

Ach so, da gibt es ja noch das Argument, daß Babies ein kleines Bett brauchen, weil sie sich in dem großen verloren fühlen. Das finde ich nicht stichhaltig. Ich habe beide Kinder oft genug in Schlaf gestillt und sie dann mit der großen Decke so zugedeckt, daß für sie so eine Art Höhle entstand. Sie konnten die Riesigkeit des Bettes gar nicht wahrnehmen.

Ich kann mir auch nicht vorstellen, daß ein Kind unter einer leichten Federdecke oder einer Rheumadecke ersticken kann. Ich habe früher, wenn wir Verwandte auf dem Land besuchten, Federdecken von einem Volumen und einer Schwere kennengelernt, die diese Befürchtungen vielleicht gerechtfertigt erscheinen ließen. Ich erinnere mich an Zentnergewichte auf mir und völlig durchschwitzte Nächte. Aber in den heutigen geheizten Wohnungen dürfte kaum noch jemand solche Monstren benutzen.

Und was das fehlende Gitter am Erwachsenenbett angeht: uns ist nie ein Kind aus dem Bett gefallen. Solange sie geschlafen haben, lagen sie ziemlich ruhig, und wenn sie wach wurden und weinten oder sich sonst irgendwie bemerkbar machten, sind wir ja hingegangen. Warum nicht einen Stuhl zur Sicherheit vors Bett schieben, wenn man sich dabei wohler fühlt? Auf das Kopfkissen sollte man allerdings anfangs wirklich verzichten, die Kinder mit ihren dicken Köpfen liegen flach einfach besser.

Wenn dann der Übergang zum eigenen Bett kommt, würde ich das Kinderbett einfach überspringen. Die Mutter kann das Kind im großen Bett weiterhin in Schlaf stillen, wenn das noch aktuell ist, oder sie oder der Vater können sich bei nächtlichem Wehgeschrei für ein Weilchen dazulegen, wenn sie das Kind nicht ins eigene Bett holen wollen. Ich konnte nächtliche Störungen dadurch viel besser verkraften, als wenn ich das jammernde Kind nur mit Worten beschwichtigt hätte. Und die Gewöhnung ans eigene Bett war dadurch noch nicht gleich aufgebrochen. Wenn das Kind tatsächlich sehr unruhig schläft oder wenn man selber zu viel Angst hat, es könnte herausfallen, kann man vorn ein Brett anbringen, daß nur wenige Zentimeter über die Matratze übersteht. Das verhindert das Herausrollen, aber das Kind ist nicht eingesperrt, und auch ein Erwachsener kommt aus dem Bett gut heraus und hinein.

Je mehr ich tagsüber von den Kindern eingespannt war, um so mehr spürte ich allerdings, daß ich die Zeit abends vor dem Einschlafen für mich brauchte – oder für uns! Solange ich noch berufstätig war und nur ein Kind hatte, war die nächtliche Kuschelei auch eine Art Kompensation für Entbehrungen des Tages. Das hat sich etwas verändert. Inzwischen sorge ich dafür, abends mein Bett für mich allein zu haben, indem ich Lena, wenn sie unbedingt dort einschlafen wollte, in ihr Bett trage oder sie von vornherein dort hinlege. Wer dann im Laufe der Nacht noch unter meine Decke schlüpft, der stört mich nicht mehr.

Ich habe auch das Gefühl, daß meine Toleranz gegenüber dem Kind in meinem Bett mit zunehmender Größe des Kindes geringer wurde. Ich sehe auch das als einen Teil des Abnabelungsprozesses.

All das – nur Hinweise, wie man es machen *kann*.

Es gibt z. B. Kinder, die unweigerlich aufwachen, wenn man sie nach dem Einschlafen noch von einem Bett ins andere transportiert. Andere mögen von vornherein nicht so scharf aufs «große» Bett sein, wenn sie ihr eigenes oft genug mit einem Erwachsenen teilen durften, und schlafen regelmäßig in ihrem eigenen Bett ein. Oder es gibt Eltern – ich kenne solche! –, denen es tatsächlich nichts ausmacht, die Kinder über Jahre in ihrem Bett schlafen zu lassen. Manche verlagern auch einfach die Aktivitäten, bei denen sie die Kinder stören würden oder bei denen sie sich von den Kindern gestört fühlen, auf ein Bett in einem anderen Zimmer. Wieder andere legen neben ihr Ehebett eine Matratze für das oder die Kinder. Bei nächtlichem Aufschrecken ist Papas Hand gleich da zum Trösten.

Der Phantasie sind keine Grenzen gesetzt. Man braucht sich nur klarzumachen: Das Kinderbett ist nicht unentbehrlich. Und ein Kind, das nicht darin schlafen mag, ist nicht unnormal. Darum kann man ganz ohne schlechtes Gewissen nach Möglichkeiten suchen, bei denen jeder auf seine Rechnung kommt und das abendliche Schlafengehen nicht zum allgemeinen Streß wird.

Vor einem braucht man sich jedenfalls mit Sicherheit nicht zu fürchten: daß, wenn man das Kind mit in sein Bett nimmt, es auch noch seine Hochzeitsnacht dort verbringen wird. Sein Wunsch nach Eigenständigkeit wird es früher oder später nach einem eigenen Bett verlangen lassen, nach meinen Erfahrungen und denen anderer Eltern so zwischen drei und fünf Jahren. Dieser Wunsch muß nicht von Anfang an eindeutig sein. Unser Jan wollte z. B. sehr gern ein eigenes Bett, aber er hat sich nicht gleich mit Begeisterung hineingestürzt. Dieser Zwiespalt von Selbständigwerdenwollen und Anklammerungsbedürfnis macht Kindern (und Eltern) ja auch in anderen Bereichen zu schaffen. Es wäre darum sicher falsch zu erwarten, daß ein Kind von dem Augenblick an, in dem es den Wunsch nach einem eigenen Bett geäußert hat, aus dem elterlichen Bett verschwunden wäre. Aber der Anfang ist gemacht, und man kann dem Kind das eigene Bett auch schmackhaft machen. Das geht natürlich um so leichter, wenn noch ältere Geschwister da sind. Die Orientierung an den «Großen» erleichtert die Trennung von den Eltern sehr, zumal der Umzug ins eigene Bett dann nicht der Umzug in die Einsamkeit ist.

Wenn unsere beiden mich morgens früh unter einer Decke hervor angrinsen, bin ich mir sicher, daß es ihnen gut geht.

Was will ich mehr!

Kapitel 11

Noch einmal durchgemustert: Einwände gegen das Tragen

Die Stimmen von der Straße

«Das wird ein total verzogenes Kind, das will nachher *immer* auf den Arm.»

«So kommst du ja zu überhaupt nichts!»

«O Gott, wo das da hängt, das kriegt ja eine krumme Wirbelsäule, und du versaust dir den Rücken auch total!»

«Das geht doch nicht, die *muß* doch mal lernen, allein zu schlafen!»

«Schreit ein Kind, wenn es herumgetragen wird, sagt *jeder,* der das mitbekommt: ‹Ja, dir gefällt es halt nicht, so herumgeschleift zu werden!› Schreit jedoch ein Baby im Kinderwagen, diagnostizieren alle Passanten ‹Hunger!›»

«Um Gottes willen, da wird ja das ganze Gehirn durchgerüttelt, das Kind wird ja blöd im Kopf!»

Kostproben dessen, was unsereins, Baby auf dem Rücken oder Bauch, so zu hören bekommt, wenn man sich außerhalb seiner vier Wände begibt. Ich habe diese Zitate den Briefen von Müttern entnommen, mit denen ich meine Erfahrungen über das Tragen von Kindern austauschte.

Leider ist es nicht so, daß man es einsehen, lernen und dann sein Kind unangefochten durch die Welt tragen kann. Was man da so aus seiner Umgebung zu hören bekommt, kann einem schon mal die Laune verderben oder gar in zweifelndes Grübeln versetzen. Allerdings gibt es auch Erfreuliches zu vermelden, zunehmend kommt auch Zustimmung, die einen dann auch wieder bestärkt.

«Ihr seht ja aus wie die Zigeuner!» (positiv gemeint)

«So nahe bei der Mutter, das ist der schönste Platz!»

«Ich finde ja so toll, daß Mütter ihre Kinder wieder tragen, das ist ja so gut für die Kleinen, mit so viel Wärme gedeihen sie am besten.»

Fast alle haben die gleiche Erfahrung gemacht: Es sind meistens ältere Leute, die positiv auf das Tragen der Kinder reagieren.

Es gab erquickliche Beispiele wie die folgenden, die einem regelrecht Mut machen:

«Da ist der schönste Platz, so gut möchte ich es auch noch mal haben!» Sinngemäß haben wir diesen Satz oft zu hören bekommen.

«Praktisch ist es ja, aber mag sie es denn?»

«Das hätten wir im Krieg mal haben sollen, wenn wir in den Bunker mußten!»

«Das finde ich schön, Sie und Ihre drei Kinder! Dafür schenke ich Ihnen ein Praliné!» Darauf steckte uns diese Frau einen Praliné in den snugli.

Auch mir war schon lange aufgefallen, daß es vorwiegend die «Omas» und die «Opas» sind, die sich am Anblick des Traglings zwischen Neonreklamen und Beton ergötzen.

Das Kind in Augenhöhe der Erwachsenen animiert natürlich viel eher zum Schäkern, als wenn man erst in die Knie gehen muß, um ihm in die Augen schauen zu können.

Und warum die jüngeren Leute nicht? Sind sie zu beschäftigt, um sich die Zeit zu nehmen, mit einem Baby zu scherzen?

Oder steckt da vielleicht auch eine Angst dahinter, die die Alten nicht mehr zu haben brauchen?

Daß ein Baby im Tuch auch eine Art Aufforderungscharakter hat, ist mir an folgendem Erlebnis klargeworden.

Ich stand mit Lena im Tuch an einer Ampel. Neben mir wartete eine Frau mit ihrem recht pummeligen Baby in der Karre. Sie musterte mich von der Seite und sagte dann zu ihrer Begleiterin: «Also, mir wäre er jetzt zu schwer!» Warum mußte sie sich entschuldigen? Ich hatte sie doch mit keinem Wort aufgefordert, es mir nachzutun. Ob ein Kind im Tuch irgendwie mitteilt «Hier gehöre ich hin!»? Ich weiß es nicht.

Aber ich weiß, daß ein Kind im Tuch nicht nur *ab*fällige Bemerkungen provozieren kann wie die oben zitierten, mancher kann richtig *aus*fällig werden. Es kommt immer wieder vor, daß Müttern, welche ihr Baby tragen, eine Anzeige wegen Kindesmißhandlung angedroht wird. Oder, für mein Gefühl noch beleidigender, eine Frau bekommt Geld zugesteckt: «Für einen Kinderwagen!»

Wie weit die Aggressivität in solcher Ablehnung gehen kann, wird an folgender Bemerkung deutlich:

«Warum nicht? Den Alten haben Sie ja auch reiten lassen!»

Das bißchen Erotik und Körperlust im Umgang mit dem Kind – das kann so mancher Zeitgenosse schon nicht mehr verkraften. Wenn man sich klar macht, daß hier in vielen Fällen die tieferen Gründe für Ablehnung und Aggression zu finden sind, lassen sich die oft wirren feindlichen Bemerkungen anders nehmen, die da so oft auf unsereins niederprasseln – wie Hagelkörner im Frühling.

Fast alle jene Mütter, die mir von ihren Erfahrungen berichtet haben, haben gegen diese Art von Gedankenlosigkeit ein dickes Fell entwickelt. Aber sie sind die Pioniere. Wie viele weniger mutige und standhafte Mütter durch solche Borniertheit verschreckt und davon abgehalten werden, ihr Kind zu tragen, weiß niemand zu sagen.

Nun wird unsereins das, was man sich an Bemerkungen dieser Art auf der Straße einfängt, ohnehin zum größten Teil nach einer angemessenen Adrenalinbehandlung beiseite legen. Schwieriger ist es, sich mit gleichen oder ähnlichen oder auch klügeren Argumenten auseinanderzusetzen, wenn diese aus dem Mund guter Freunde kommen.

Betr.: Bewegungsfreiheit

Da kommen zunächst das Mitgefühl mit dem Baby und die Ängste um sein selbstbestimmtes Dasein:

Das Tragen im Tuch schränke die *Bewegungsfreiheit* des Kindes ein, *es lerne nicht, sich selbst zu beschäftigen* und fände keinen *eigenen Rhythmus* (s. a. Pikler 1982).

Daß ein Baby im Tragetuch fest angebunden ist, sein muß, haben wir oft genug betont.

Also ist das mal ein passendes Argument der Gegner. Was dazu in orthopädischer Hinsicht zu sagen ist, wollen wir hier nicht wiederholen. Aber: Ist eigentlich schon mal jemand auf die Idee gekommen, die *Schwangerschaft* als bedenklich zu bezeichnen, weil das Kind dabei zu sehr in seiner Bewegungsfreiheit eingeschränkt ist?

Es kommt doch alles auf den Zeitpunkt an. Für ein Einjähriges, das stundenlang herumgetragen wird, kann das Tuch tatsächlich zur Zwangsjacke werden, wenn es nicht genug zu sehen gibt. Aber ein ganz kleiner Säugling ist noch so wenig Herr seiner Bewegungen, daß es ihm wahrscheinlich nur ein begrenztes Vergnügen macht, auf einer platten Unterlage herumzuzappeln.

Erst neulich habe ich da folgendes erlebt. Ich war zu Besuch bei einer Mutter mit ihrem drei Monate alten Jungen, ihrem dritten Kind. Eine Weile lag das Kerlchen neben mir auf dem Sofa auf dem Rücken. Es war auch ganz zufrieden, ruderte mit den Armen und Beinen und «unterhielt» sich mit mir. Aber dann band sich die Mutter das Kind mit dem Tuch auf den Rücken – und es platzte fast vor Glück und Stolz! Es guckte oben aus dem Tuch heraus wie der Kaiser persönlich und strahlte. Wie gesagt, unglücklich war es vorher auch nicht gewesen, und man hätte sich mit seinem Zustand durchaus zufriedengeben können, aber das bißchen «extra», das kam mit der aufrechten Haltung und Mutters warmem Rücken.

Ich denke auch daran, wie Lena war, wenn ich sie einen ganzen Nachmittag «ihrer Bewegungsfreiheit beraubt» hatte – sie also den ganzen Nachmittag getragen habe, auch beim Schlafen. Das kam vor, wenn wir z. B. Ausflüge machten. Sie war danach immer so wach, ansprechbar, rund, menschlich, glücklich, daß ich nicht im geringsten das Gefühl hatte, sie in irgendeiner Weise gequält zu haben. Dieser Zustand ist schwer zu beschreiben, aber er fiel auch meinem Mann auf, und er trat regelmäßig nach überdurchschnittlich langen Trageperioden auf. Eine andere Mutter, der ich davon erzählte, wußte spontan, was ich meinte, sie hat es mit ihrem Kind genauso erlebt.

In unserer Kultur wird in der Regel alles Aktive als positiv und alles Passive als negativ bewertet. Daher wohl diese starken Bedenken, wenn man das Kind an aktiven Bewegungen hindert. Aber wenn man davon ausgeht, daß in den ersten Monaten die Nervenbahnen für die Bewegungskoordination geknüpft werden, liegt doch der Gedanke nahe, daß das auch durch passive Bewegung geschehen kann. So wie das Kind von der Sichthöhe der Erwachsenen aus die Welt ja auch zunächst nur anschaut und passiv an sich vorüberziehen läßt, bevor es das Bedürfnis entwickelt, selbst zu- und einzugreifen, ist es doch eigentlich nur logisch anzunehmen, daß eine gewisse Spanne passiver Bewegungserfahrung den eigenen Bewegungsübungen vorausgehen könnte, ohne daß dies vom Kind als Einschränkung empfunden wird. Und unsere strahlenden Babies teilen uns doch selber mit, wir sehr sie es auch genießen!

Dreimal wichtig: nicht die Signale zu überhören, mit denen das

Kind mitteilt: «Jetzt will ich mal selber!» Dann braucht man mit Sicherheit nicht zu befürchten, das Kind seiner Freiheit zu berauben.

Betr.: Selbstbeschäftigung

Etwas diffiziler ist dieses Argument mit der *Selbstbeschäftigung.* Vermutlich wird ein Kind, das auf einer Decke sich selbst überlassen ist, tatsächlich früher anfangen, mit sich selbst zu spielen.

Aber ich denke, hier scheint wieder eines der schlimmsten der falschen Dogmen unserer Erziehungskultur durch, daß nämlich ein Kind angeblich in erster Linie deswegen lerne, um sich aus Frustrationen zu befreien. Damit es also lernt, muß man es in frustrierende Situationen bringen.

«Sonst lernt es ja nie etwas!» Also auf die Decke ohne Mutters Haare in Reichweite, *damit* es sein Händchen entdeckt, *damit* es lernen kann, sich vom Bauch auf den Rücken zu rollen, *damit* es sich bemüht, ein Spielzeug zu erreichen.

Dabei ist es am Körper der Mutter oder des Vaters nicht weniger beschäftigt, nur anders: mit der Empfindung seines eigenen Körpers an dem des «Großen» und der optischen und akustischen Wahrnehmung der Welt aus der Perspektive des Erwachsenen. Und das, ohne gleichzeitig jene Gefühle von Hilflosigkeit und Einsamkeit verkraften zu müssen, die es womöglich auf der Decke hat.

Es wird immer wieder darauf hingewiesen, daß man Kindern den Stolz und die Freude an der eigenen Leistung nimmt, wenn man ihnen beim Erreichen ihrer Ziele zu viel hilft. Das stimmt dann, wenn das Kind in der Lage ist, eine Sache, die es macht, als seine Sache zu begreifen und dabei seinen Anteil und den Anteil des Erwachsenen am erreichten Ziel zu unterscheiden.

In diesem Sinne aber kann ein kleiner Säugling noch nicht um Erfolgserlebnisse gebracht werden. Falls da jemand immer noch zweifelt, ob ein getragenes Kind auch lernt, sich selbst zu beschäftigen, dann sei ihm – auch wenn unsere statistische Grundlage nur 1 beträgt – versichert, daß sich unsere Lena noch nie gelangweilt hat. Sie hatte wohl einmal Schwierigkeiten mit dem Spielen, weil ihr Jan durch wüstes Herumkommandieren das Spielzimmer völlig verleidet hatte, aber das ist vorbei.

Wenn sie etwas will, tut sie es mit Hingabe, und sie brauchte sich dabei zu keiner Zeit ständig meiner Gegenwart zu vergewissern.

Wie alle anderen Kinder hat sie als Baby ihre Hände und ihre Stimme erforscht, sich vom Bauch auf den Rücken gewälzt und sich an Schränken hochgezogen – ohne jede von mir veranstaltete Säuglingsgymnastik. Das hat sie sich alles selbst ausgedacht. Sie war eben ein ganz normales Baby.

Betr.: Eigener Rhythmus

Und wie findet das Kind nun zu seinem *eigenen Rhythmus*, wenn es via Tragetuch praktisch zum Lebensrhythmus der Mutter gezwungen wird?

Wer hier skeptisch den Kopf wiegt und sich zum Anwalt der unbeschnittenen Interessen des Kindes macht, den möchte ich meinerseits fragen: Wären Sie bereit, Ihren eigene Tagesablauf vollständig auf den Rhythmus des Kindes einzustellen? Und wie würden Sie das denn machen? Es klingt immer sehr nobel, wenn man die Autonomie des Kindes herausstreicht, und ich finde sie auch sehr wichtig. Aber ich habe auch meine Autonomie, und auch mein Mann und auch die älteren Kinder und die Oma – und, und, und ...!

Das Baby wird in eine Gruppe von Menschen hineingeboren, die bereits ihren eigenen Rhythmus im Zusammenleben gefunden hat. Es wird mit Sicherheit diesen Rhythmus nach seinen eigenen Bedürfnissen verändern. Aber es wird sich auch nach den anderen richten müssen.

Ist da nicht der einfachste Weg, diesen Gruppenrhythmus kennenzulernen, wenn man die Mutter einfach auf dem Weg durch den Tag begleitet? Der eigene Rhythmus von Schlaf und Wachen wird dadurch anfangs noch nicht beeinträchtigt; wie wir gesehen haben, schlafen die meisten Kinder am Körper eines Erwachsenen einfach ein, wenn sie müde sind.

Meiner Erfahrung nach hängen Chaos oder Regelmäßigkeit im Leben des Säuglings nicht davon ab, ob die Erwachsenen sich auf seine Bedürfnisse einstellen oder nicht, sondern davon, wie chaotisch oder regelmäßig die Eltern selber leben. Als Jan klein war, hatten wir so viel Zeit, daß wir unseren Tagesablauf weitgehend von seinem Rhythmus abhängig machen konnten. Da wir ihn nicht besonders viel herumtrugen, konnte man auch nicht auf die Idee kommen, das Tragetuch hätte ihn an der Entwicklung seines eigenen Rhythmus gehindert. Trotzdem war unser Leben mit ihm einigermaßen chaotisch. Bei Lena war unser Alltag schon viel stärker durch bestimmte Pflichten strukturiert, und für sie gab es einen viel geordneteren Tagesablauf.

Wer befürchtet, das Kind am Körper wäre hilflos allen Launen des Erwachsenen ausgeliefert, geht davon aus, es hinge dort wie ein nasser Sack und wäre aller Äußerungsmöglichkeiten beraubt.

Und da genau steckt der Fehler. Denn das ist einfach nicht so. Es äußert sich mit Körper und Stimme sehr wohl, und der Erwachsene kann darauf reagieren. Andererseits kann man aber auch durch die beschwichtigende Wirkung, die der Körperkontakt auf das Kind ausüben kann, die Befriedigung seiner Bedürfnisse mal ein bißchen hinausschieben und so seinem eigenen Rhythmus besser anpassen.

Wenn Lena ganz offensichtlich Hunger hatte, ich aber noch irgend etwas schnell zu Ende bringen wollte, dann konnte ich das in der Regel, ohne darum wüstem Geschrei ausgesetzt zu sein.

Man kann nun der Meinung sein, ich hätte sie dadurch um die Wahrnehmung ihrer eigenen Bedürfnisse gebracht. Man kann aber auch sagen, ich hätte sie das Wahrnehmen der Interessen ihrer Umwelt und ein bißchen Warten gelehrt. Ich fand es jedenfalls einfach, ihren und meinen Rhythmus so in Einklang miteinander zu bringen, und ich denke, darum geht es eher, als daß das Kind auf Biegen oder Brechen seinen *eigenen* Rhythmus findet.

Ich bin auch noch heute nicht in jedem Fall bereit, den Rhythmus der Kinder als den obersten Maßstab meines Alltags zu akzeptieren, obwohl ich als Hausfrau und Mutter den Freiraum dazu hätte. Wenn es nach Lena ginge, stünde sie morgens gegen acht Uhr auf, machte so zwischen zwölf und drei einen ausgiebigen Mittagsschlaf und ginge dann abends um neun oder auch erst um zehn ins Bett. Ich tue ihr meist Gewalt an und bringe sie um den Mittagsschlaf oder kürze ihn auf allerhöchstens eine Stunde ab – und das auch nur, wenn sie dann spätestens um zwei wieder wach ist. Ich brauche abends ein bißchen Zeit ohne Kinder, so gern ich sie den Tag über um mich habe.

Und solange unsere Lebensumstände so sind, daß Kinder in der Regel in Kleinfamilien aufwachsen und die Erwachsenen nicht zu ein bißchen Privatzeit kommen können, indem einmal andere Erwachsene die Betreuung der Kinder übernehmen, halte ich es einfach für heuchlerisch, den autonomen Rhythmus der Kinder über alles zu stellen. Dann tut man vielleicht nicht dem Kind, aber um so mehr sich selber Gewalt an – und das bekommt das Kind früher oder später auch zu spüren.

Häufig zu hören ist auch die Behauptung, das sei ja alles ganz schön und gut, aber es ließe sich nur in Familien mit nur einem Kind praktizieren. Dazu kann ich nur sagen: Ich sähe dem dritten nicht mit solcher Ruhe entgegen, wenn ich nicht das Tragetuch im Schrank wüßte. Und eine Freundin von mir hat im letzten Jahr ihr fünftes herumgetragen. Auch unter den Zuschriften, die ich bekam, war ungefähr die Hälfte von Familien mit drei und mehr Kindern!

Der Schlüssel zu diesem Problem liegt in dem Verständnis von Tragen als «Zuwendung» oder «Perspektive teilen».

Versteht und praktiziert man das Tragen als «Zuwendung», kann man sich verständlicherweise schwer vorstellen, daneben auch noch älteren Kindern gerecht zu werden und einen größeren Haushalt zu versorgen. Heißt das Tragen des Säuglings aber, ihn an meiner Weltsicht teilnehmen zu lassen, so nimmt er eben auch an meiner Zuwendung zu seinen Geschwistern teil, lernt sie kennen und spürt, wie man mit ihnen umgehen kann. Und er wird auch nicht eifersüchtig, denn er ist mit der Zusicherung meiner Gegenwart durch den Körperkontakt zufrieden und braucht die Zuwendung, die das größere Kind von mir erfährt, nicht als Bedrohung zu empfinden.

Umgekehrt erlebt auch das ältere Kind: Das Baby nimmt mir die Mutter gar nicht so sehr weg. Sie kann mir ja trotzdem noch die Jacke zuknöpfen, den Po abputzen, die Tränen trocknen, ein Butterbrot schmieren. Mit den Stillzeiten und der sonstigen Pflege des Babys muß es sich natürlich abfinden.

Das Tragen des Babys ist in keinem Bereich ein Patentrezept, so auch nicht zur Verhinderung von Eifersucht. Ob es aber noch mehr Eifersucht produziert, als ohnehin aufkommen würde, das hängt vor allem damit zusammen, wie stark man sich selber durch das Kind am Körper in Anspruch genommen fühlt.

Eine Mutter, der das Baby schon so selbstverständlich geworden ist wie ihr «Kopf oder Arm» (Martina B.), hat gewiß noch genug Energien frei, sich ihren anderen Kindern zu widmen. Ganz zu schweigen davon, daß sie auch mit dem größeren Haushalt besser zurechtkommt, wenn sie nicht immer wieder zu dem Säugling hinspringen muß!

Betr.: Das Angebundensein der Mutter

Hierher paßte auch der Einwand, *mit dem Kind am Körper sei die Mutter noch mehr angebunden,* sie käme vom Kind gar nicht mehr los und müsse ihre eigenen Interessen ganz in den Hintergrund stellen. Dieses Argument hat zwei Aspekte, einen praktischen und einen gefühlsmäßigen.

Praktisch gesehen ist – und das braucht hier am Ende dieses Buches nicht mehr erläutert zu werden – genau das Gegenteil richtig. Trotzdem noch ein Beispiel.

Es geht ja um das Relative: «noch mehr angebunden», noch mehr zum Beispiel als mit Kind und Kinderwagen.

«Daß ich nicht lache! Welche Frau kann schon mit Kinderwagen im Wald rumlaufen, Abhänge rauf und runter klettern, zum Flußufer hinunterturnen, in jeden Laden rein, in jeden Bus, jede Rolltreppe hoch?» (Ursula K.)

Man ist tatsächlich ohne Kinderwagen mobiler. Mal rasch noch Milch holen beim Kaufmann um die Ecke, obwohl das Kind gerade plärrt und es in Strömen regnet? Rein ins Tuch, Mantel drüber, Schirm aufgespannt, fertig! Das ist zwar mehr Aufwand als ganz ohne Kind loszuziehen, aber weniger, als den Wagen zur Haustür rauszuhieven und auch noch regendicht zu machen.

Wenn Mütter insgesamt mutiger wären, einfach mit ihren Babies Orte aufzusuchen, an denen sie ihren Interessen nachgehen könnten, und dort auch ungeniert zu stillen, würde der verbreitete Eindruck schnell verschwinden, ein Baby am Körper hindere seine Mutter am Leben einer Erwachsenen. Ich habe schon ein etwa drei Monate altes Kind im Tragetuch in einem Konzert gesehen – es war allerdings kein Pop-Konzert, das würde ich selbst seinen Ohren nicht zumuten. Babies in Ausstellungen, in der Bibliothek, im Café, bei Vorträgen und Diskussionsrunden oder bei politischen Veranstaltungen zu tolerieren, würde mehr zur Befreiung der Mütter aus dem Kinderghetto beitragen, als im Körperkontakt die Wurzel aller Abhängigkeiten zu vermuten und ihn darum abzulehnen.

Denn das Angebundensein der Mutter hängt nur zum geringsten Teil mit dem Tragetuch zusammen. Im allgemeinen wird das Stillen als viel «anbindender» erlebt als das Tragen. Wirkliche Unabhängigkeit bringt tatsächlich nur die Ernährung mit der Flasche.

Tragetuch und -sitz können sogar trotz Stillens noch zur Unabhängigkeit der Mutter beitragen, anstatt sie zu schmälern. Gestillte Kinder haben ja oft die Angewohnheit, hauptsächlich an der Brust einzuschlafen. So auch unsere Lena, als sie klein war. Wollte ich abends weg, bevor sie schlief, band mein Mann sie sich einfach auf den Rükken, räumte ein bißchen die Wohnung auf und brachte Jan ins Bett. Dann war meist auch sie eingeschlafen, und er konnte sie hinlegen. Ohne den Tragesitz wäre das viel schwieriger gewesen.

Aber der eigentliche Einwand, die Mutter sei zu «angebunden», zielt ja viel tiefer.

Gerade unter Intellektuellen gibt es ein tief verwurzeltes Mißtrauen allem gegenüber, was gar zu arg nach «Nähe» riecht. Jörg Bopp schreibt im Kursbuch 76 (Bopp 1984, S. 65) in seinem Artikel «Die Mamis und die Mappis» – wobei «Mappis» Väter sind, die am liebsten auch noch stillen würden – von «Knuddelmief und Liebesmuff». Ein Jahr zuvor sprechen Monika Aly und Annegret Grüttner, ebenfalls im Kursbuch (Aly/Grüttner 1983, S. 34) von der Stilisierung des Stillens zum «emanzipatorisch verzeichneten Blut- und Hautmythos». Sie führen die Nervigkeit vieler Säuglinge und Kleinkinder auf Tragetuch und Stillen zurück. Sie würden dadurch übersteigerte Ansprüche entwickeln und selbst nicht zur Ruhe kommen.

Welch eine Verwechslung! Welch ein Irrtum!

Das Zuschütten mit Emotionen, der Tanz um das Kind, das Aufgeben eigener Interessen, die Bereitschaft, sich vom Kind versklaven zu lassen – all das hat mit Körperkontakt *nichts zu tun*. Im Gegenteil.

Gewiß bekennen sich eine Frau oder ein Mann, die sich mit Säugling am Körper zeigen, offen und stolz zu ihrer Elternrolle. Deutlicher als durch das Kind im Tuch können sie es nicht machen, daß ihre Elternschaft ihre Identität prägt. Tanz um das Kind? Knuddelmief und Liebesmuff?

Besteht das Ideal eines emanzipatorischen Eltern-Kind-Verhältnisses etwa darin, Kinder zu zeugen, Kinder zu kriegen und Kinder zu haben, aber dann so zu tun, als hätte man keine? Der Tanz um das Kind als heimliche Feier, von der niemand was mitkriegen darf? Die ständige und inständige verborgene Unterwerfung?

Wer nach einer Hilfe sucht, den Tanz um das Kind zu vermeiden, hier ist sie – und es gibt nichts Wirksameres, ihn zu verhindern –: der Körperkontakt.

Ähnliches gilt für das Stillen. Man braucht das Stillen wirklich nicht als selbstlose Aufopferung der Mutter zu betrachten, die sich selbst vergißt und sich hingebungsvoll aussaugen läßt. Ich habe meine Kinder so lange gestillt, weil ich es schön fand – und weil ich

zum Abstillen viel zu faul war. Wie viele Stunden hätte mich das
Zubereiten der Fläschchen gekostet, wie viele Ideen und Konzentration, das schon etwas ältere Kind von der Brust abzulenken, wieviel Geld hätten wir für Säuglingsnahrung ausgeben müssen, was
hätte ich bei Ausflügen und Besuchen alles noch zusätzlich für das
Baby vorbereiten und einpacken müssen!

Der Zugriff des Babys auf meinen Körper hat mir im Alltag diesen Aufwand erspart.

Dumpf wabernder Muttermythos?

Betr.: «Das abhängig und unselbständig gehaltene Kind»

Aber die Unkenrufer wittern noch Schlimmeres als den beklagten
Identitätsverlust der Mutter: durch Stillen und Tragen erfahre die
«von der Mutter geförderte Unselbständigkeit und Abhängigkeit
des Kindes eine ständige Potenzierung» (Aly/Grüttner 1983, S. 35).

Das ist die schon diskutierte hausbackene Befürchtung, dem Kind
fehle es an Bewegungsfreiheit und es lerne nicht, sich zu beschäftigen, also Selbständigkeit, im Berliner Kursbuch-Kostüm, auf
schalkhafte Weise Tiefgang signalisierend, wo Untiefen geradezu
nur so lauern.

Dennoch ernsthaft darauf reagiert nach dem Motto ‹An den
Früchten sollt ihr sie erkennen›:

Wenn stimmen würde, was Monika Aly und Annegret Grüttner
da behaupten, dann wäre die psycho-logische Folge, daß das getragene Kind Loslösungsprobleme von der Mutter hätte. Nun ist es
aber so, ein letztes Mal sei es hier wiederholt, daß die ehemaligen
Traglinge, die mir bei meinen kleinen Forschungen bekannt geworden sind, durch die Bank alle als ausgeglichen und selbständig geschildert wurden. Und das ist auch kein Wunder, denkt man an das,
was die Psychoanalyse und auch die Verhaltensforschung zu diesem
Thema zu sagen haben (vgl. Renggli 1976).

Trennungsängste auch noch mit vier oder fünf Jahren werden eher
von Kindern geschildert, die keinen so intensiven Körperkontakt
gewährt bekamen. Und das ist ebensogut plausibel.

«Nun sind beide Kinder keine Säuglinge mehr. Sie haben sich
beide motorisch, sprachlich usw. ähnlich positiv entwickelt, aber es
gibt doch einen sehr auffälligen Unterschied zwischen ihnen, den ich
auf Alenas intensiven Körperkontakt mir uns in jeder Situation und

154

Florians Mangel daran in den ersten Lebensmonaten zurückführe. Florian gerät leicht in Panik, hatte starke Trennungsängste (die inzwischen in abgeschwächter Form manchmal immer noch deutlich werden) und ist in neuen, ihm unbekannten Situationen wenig belastbar» (Monika D.).

Bei unseren beiden ist das sehr ähnlich. Jan mit seinen sechs Jahren ist viel stärker an uns «fixiert» als Lena mit ihren knapp drei. Sie war noch keine zweieinhalb, als sie anfing, den Kindergarten für sich zu erobern. Wenn wir Jan hingebracht hatten und ich mit ihr wieder heimgehen wollte, sah sie nur von den Perlen hoch, die sie angefangen hatte aufzufädeln, und meinte: «Du gehst heim, ich bleibe hier!» Jetzt ist sie fest angemeldet, obwohl sie noch nicht drei ist, und bewegt sich unter den Kindern, als sei es das Selbstverständlichste auf der Welt.

Das hat natürlich noch andere Gründe als das Getragenwerden im Säuglingsalter. Sie kennt den Kindergarten und den Umgang mit älteren Kindern von klein auf durch ihren Bruder. Die zweiten Kinder haben es in diesem Punkt immer leichter.

Aber dennoch: Hätten Monika Aly und Annegret Grüttner recht, hätte ich diese positiven Voraussetzungen mit dem Herumtragen zunichte machen müssen. Nichts davon ist geschehen!

Kleine Schluß-Notiz

Ich habe dieses Buch geschrieben, um eine Erfahrung weiterzugeben und um jene allgemeine Unsicherheit kleiner zu machen, die mich zunächst einmal davon abgehalten hatte, mir das Kind umzubinden, bevor ich auf Jean Liedloff gestoßen war.

Meine Erfahrung hat zwei ganz verschiedene Seiten, die ich hier am Schluß beide noch einmal anleuchten möchte. Von der einen Seite meiner Erfahrung war viel die Rede, von der anderen nicht so viel, obschon sie genauso wichtig ist. Viel die Rede war vom Tragen, von den Gründen dafür und dagegen, von den Freuden und den Einschnitten der Tragegurte an den Schultern. Also bleiben wir noch einen Augenblick dabei. Ob es nun das Tragen ist oder das Stillen – es gilt für die ganze körperliche Kommunikation: Wir haben hier eine Möglichkeit (wieder-)entdeckt, den Widerspruch von Realitäts- und Lustprinzip aufzuheben. Und auch wenn das dem einen oder anderen wie die (unmögliche) Erfindung des Perpetuum mobile erscheinen mag, so ist es doch so:

Wo vorher sich Unlust ereignete, Unlust des abgelegten Kindes, Unlust der ständig ge- und überforderten Mutter, ohne daß sich doch durch noch so viel Zuwendung das Problem wirklich befriedigend hätte lösen lassen, entsteht durch die Überwindung der körperlichen Trennung in dieser Entwicklungsphase der menschlichen Frühgeburt eine überraschende Situation, ein Paradoxon: indem sich die Mutter das Kind aufbürdet, befreit sie sich von ihm, und indem das Kind die Mutter hat, kann es sie loslassen.

Die Lust der Mutter am Kind und die Lust des Kindes an der Mutter lassen die Möglichkeit entstehen, daß die Mutter sich weniger um das Kind zu kümmern braucht. Lustprinzip und Realitätsprinzip sind miteinander versöhnt.

Und die zweite Seite meiner Erfahrung ist, daß ich immer dann ein Stückchen weiter kam auf diesem Weg, wenn ich meinen Bedürfnissen gefolgt bin und mir nicht die Ohren von anderen vollposaunen oder mich von meinem eigenen schlechten Gewissen lenken ließ.

Darum mein bester Rat zum Schluß: Wenn ich Ihnen etwas schmackhaft gemacht habe, wenn ich Sie auf irgendwas neugierig gemacht habe, geben Sie dem ruhig nach. Aber probieren Sie, wie Sie damit zurechtkommen. Gehen Sie Ihren Weg. Und tun Sie nichts, womit Sie nicht im Gefühl auch übereinstimmen können. Das wäre auch immer gegen Ihr Kind, gegen Ihre Umwelt und gegen sich.

Probieren aber – das macht Spaß.

Adressennachweis

DIDYMOS Erika Hoffmann GmbH, Solitudestr. 55, Postfach 227, 71638 Ludwigsburg (Tel. 07141/921024 o. 52115). Unter dieser Adresse ist auch ein Video (VHS) von der Autorin erhältlich: «Wie binde ich ein Tragetuch».

Literatur

Alete Mütterdienst (Hg.): Das Alete Buch. München 1982

ALY, MONIKA / GRÜTTNER, ANNEGRET: Unordnung und frühes Leid. In: Kursbuch 72. Die neuen Kinder. Berlin (Wagenbach Verlag) 1983

ARIÈS, PHILIPPE: Geschichte der Kindheit. München (Hanser Verlag) 1975

BADINTER, ELISABETH: Die Mutterliebe. München (Piper Verlag) 1981

BECKER, ROLF/DEUTSCHES GRÜNES KREUZ (Hg.): Ärztlicher Ratgeber für werdende und junge Mütter. Marburg 1983

BOPP, JÖRG: Die Mamis und die Mappis. In: Kursbuch 76. Die Mütter. Berlin (Wagenbach Verlag) 1984

BULLINGER, HERMANN: Wenn Männer Väter werden. Reinbek bei Hamburg (Rowohlt Taschenbuch Verlag) 1983

Bundeszentrale für gesundheitliche Aufklärung (Hg.): Das Baby. Köln o. J.

CZERMAK, HANS: Die erste Kindheit. Ein ärztlicher Ratgeber für das 1. und 2. Lebensjahr. Wien (Österreichischer Bundesverlag) 1982

DIEKMEYER, ULRICH: Das Elternbuch 1. Reinbek bei Hamburg (Rowohlt Taschenbuch Verlag) 1976

DITTMAR-KOLB, ALMUTH: Helft mir doch endlich. In: unser kind, H. 1/85, S. 24–26

DOORMANN, LOTTEMI: Babys wachsen gemeinsam auf. Reinbek bei Hamburg (Rowohlt Verlag) 1981

Eltern-Sonderheft: Mein Baby 1984/85. München (Gruner + Jahr) 1984

FLANAGAN, GERALDINE LUX: Die ersten neun Monate des Lebens. Reinbek bei Hamburg (Rowohlt Taschenbuch Verlag) 1968

GROSS, WERNER: Was erlebt ein Kind im Mutterleib? Ergebnisse und Folgerungen der pränatalen Psychologie. Freiburg i. Br. (Herder Verlag) 1982

HASSENSTEIN, BERNHARD: Grundsätzliche Forderungen zur Bekämpfung frühkindlicher Deprivation. Anthropologische Grundlagen. In: Initiative gegen frühkindliche Deprivation. Die ersten Jahre entscheiden. Weißenthurm (Deutsche Liga für das Kind in Familie und Gesellschaft) 1981

HIPP KG (Hg.): Das Baby im ersten Jahr. Pfaffenhofen/Ilm 1983

Humana Milchwerke Westfalen e G (Hg.): Unser Baby. Das Elternbuch von Humana. Herford 1984

KAPLAN, LOUISE J.: Die zweite Geburt. München (Piper Verlag) 1981

LIEDLOFF, JEAN: Auf der Suche nach dem verlorenen Glück. München (Verlag C. H. Beck) 1980

MAUSE, LLOYD DE (Hg.): Hört ihr die Kinder weinen? Eine psychogenetische Geschichte der Kindheit. Frankfurt am Main (Suhrkamp Verlag) 1977

Milupa AG (Hg.): Ich bekomme ein Baby. Friedrichsdorf 1982

MONTAGU, ASHLEY: Körperkontakt. Stuttgart (Klett-Cotta) 1982

PARIN, P. / MORGENTHALER, F. / PARIN-MATTHEY, G.: Die Weißen denken zu viel. Frankfurt am Main (Fischer Taschenbuch Verlag) 1983

PIKLER, EMMI: Friedliche Babys – zufriedene Mütter. Pädagogische Ratschläge einer Kinderärztin. Freiburg–Basel–Wien (Herder) 1982

PLESSEN, MARIE-LOUISE/ZAHN, PETER VON: Zwei Jahrtausende Kindheit. Köln (Verlagsgesellschaft Schulfernsehen) 1979

PORTMANN, ADOLF: Nachwort zu: Flanagan 1968

RENGGLI, FRANZ: Angst und Geborgenheit. Soziokulturelle Folgen der Mutter-Kind-Beziehung im ersten Lebensjahr. Ergebnisse aus Verhaltensforschung, Psychoanalyse und Ethnologie. Reinbek bei Hamburg (Rowohlt Taschenbuch Verlag) 1976

SCHEILKE, CHRISTEL: Das Beste fürs Baby. Reinbek bei Hamburg (Rowohlt Taschenbuch Verlag) 1981

SCHMALOHR, EMIL: Frühe Mutterentbehrung bei Mensch und Tier. Entwicklungspsychologische Studie zur Psychohygiene der frühen Kindheit. München (Ernst Reinhardt Verlag) 1968

SICHTERMANN, BARBARA: Leben mit einem Neugeborenen. Ein Buch über das erste halbe Jahr. Frankfurt am Main (Fischer Taschenbuch Verlag) 1982

SICHTERMANN, BARBARA: Ein Stück neuer Weltlichkeit: der Kinderwunsch. In: Lichtermann, Barbara, Weiblichkeit – Zur Politik des Privaten, Berlin (Wagenbach Verlag) 1983

SPEICHERT, HORST: Schulangst. Das Eltern-Schüler-Trauma. Ursachen und Auswege. Reinbek bei Hamburg (Rowohlt Taschenbuch Verlag) 1977

SPITZ, RENÉ: Vom Säugling zum Kleinkind. Stuttgart (Klett) 1967

Stiftung Warentest: Für Kinderwagen kein Ersatz. In: test, 18. Jg., 1983, H. 7, S. 52–57

THEVENIN, TINE: The Family Bed. Minneapolis, Minnesota (Selbstverlag) 1975

unser kind, 1985, H. 1, S. 26

VERNY, THOMAS: Das Seelenleben des Ungeborenen. Wie Mütter und Väter schon vor der Geburt Persönlichkeit und Glück ihres Kindes fördern können. München (Rogner & Bernhard Verlag) 1981

VESTER, FREDERIC: Denken, Lernen, Vergessen. München (Deutscher Taschenbuch Verlag) 1978